뉴노멀생사학교육총서

8

떠난 후에도 함께

1인 가구 여성의 펫로스(pet loss) 이야기

장현정 · 유지영 지음

박문사

뉴노멀생사학교육총서 8

떠난 후에도 함께
1인 가구 여성의 펫로스(pet loss) 이야기

초판인쇄 2026년 02월 23일
초판발행 2026년 02월 28일

지 은 이 장현정·유지영
발 행 인 윤석현
책임편집 김민경
발 행 처 도서출판 박문사
등록번호 제2009-11호
우편주소 서울시 도봉구 우이천로 353
대표전화 (02) 992-3253
전   송 (02) 991-1285
전자우편 bakmunsa@daum.net

ISBN 979-11-7390-034-1   (04200)   정가 10,000원

떠난 후에도 함께
1인 가구 여성의 펫로스(pet loss) 이야기

1인 가구 800만 시대, 반려동물은 많은 이들에게 가족이자 삶의 동반자가 되었다. 하지만 반려동물 상실의 고통은 여전히 사회적으로 외면당하고 있다. 이 책은 반려동물과 사별한 1인 가구 여성들의 이야기를 담았다. 각기 다른 상실의 형태 속에서, 이들은 어떻게 애도하고 어떻게 치유의 길을 찾아갔을까. 홀로 돌보고, 홀로 이별하고, 홀로 슬퍼해야 했던 목소리를 따라가다 보면, 우리는 펫로스(pet loss)의 본질과 1인 가구가 마주하는 고유한 어려움을 더 선명하게 보게 된다. 반려동물을 떠나보낸 이들에게는 위로를, 함께 살아가는 이들에게는 성찰을 건네는 책.

머리말

2024년 기준 한국의 1인 가구는 전체 가구의 36.1%이다. 1인 가구는 더 이상 소수가 아니라 우리 사회의 새로운 표준이 되었다. 동시에 약 1,500만 명이 반려동물과 함께 살고 있다. 전통적 가족 구조가 해체되는 상황에서, 반려동물은 많은 이들에게 단순한 '애완'의 대상을 넘어 가족 구성원이자 정서적 동반자가 되었다. 특히 1인 가구에게 반려동물은 외로움을 달래주고, 일상에 구조를 만들며, 때로는 삶의 유일한 의미가 되기도 한다.

그러나 1인 가구의 반려동물 상실 경험은 다인 가구와는 다르게 전개될 수 있다. 돌봄의 책임을 홀로 짊어지고, 위기 상황에서 도움을 청할 곳이 마땅치 않으며, 상실의 충격을 혼자 견뎌야 하는 경우가 많다. 그렇다면 이들의 상실의 경험은 어떠하며, 어떤 과정을 거쳐 치유와 회복으로 나아갈까. 이것이 이 책을 쓰게 된 출발점이었다.

이 책은 2024년 한 해 동안 반려동물과 사별한 1인 가구 여성 8명의 이야기를 담고 있다. 그들의 나이는 23세부터 55세까지이고, 직업과 배경도 다양하다. 하지만 한 가지 공통점이 있다. 홀로 사는 집에서 반려동물과 깊은 유대를 맺었고, 그 상실 또한 홀로 감당해야 했다는 점이다. 그들의 목소리는 단순한 슬픔의 기록을 넘어, 현대 한국 사회를 살아가는 1인 가구 여성의 삶과 관계, 돌봄과 존재에 관한 깊은 성찰을 담고 있다.

이 책은 총 9개의 장으로 구성되어 있으며, 1장에서 8장은 8명의 1인 가구 여성의 펫로스 경험을 다룬다. 각 장은 반려동물과의 관계가 어떻게 형성되었는지, 상실의 과정은 어떠했는지, 사별 후 애도는 어떻게 이루어졌는지를 서사적으로 풀어낸다. 8명의 이야기는 각기 다른 상실의 형태를 담고 있다. 예기된 이별도 있고, 갑작스러운 사고도 있다. 안락사라는 고통스러운 선택을 한 경우도 있으며, 경제적 제약으로 충분한 치료를 하지 못한 채 떠나보낸 경우도 있다. 두 달 사이 두 마리의 반려동물을 연달아 잃은 연쇄적 상실도 있고, 반려동물을 사고로 잃은 외상적 상실도 있다. 9장에서는 8개의 이야기를 관통하는 애도 맥락을 살펴보고, 이 경험들이 우리 사회에 던지는 시사점을 정리한다.

이 책이 1인 가구로 반려동물을 키우는 이들에게는 돌봄의 기쁨과 책임, 그리고 상실의 가능성을 미리 생각해 볼 기회가 되기를 바란다. 아울러 상담자와 연구자들에게는 펫로스의 복잡성과 1인 가구의 특수한 맥락을 이해하는 데 도움이 되는 자료가 되기를 기대한다.

차례

일러두기

1. 이 저서는 장현정의 박사학위논문을 위해 수행된 심층 면담 자료를 토대로 집필됨

2. 이 저서는 2022년 대한민국 교육부와 한국연구재단의 지원을 받아 수행된 연구임 (NRF-2022S1A6A3A01094924)

제1장
이별을 준비한다는 것

민아 씨(43세)는 미국 유학을 위해 홀로 타국으로 건너간 지 14년째 되는 해에 반려묘 모모를 떠나보냈다. 박사과정을 마치지 못한 채 대학 강사로 일하며 불안정한 신분으로 살아가던 그녀에게, 모모는 12년 넘게 '삶에서 모든 것을 함께 해낸' 동반자였다. 모모의 죽음은 갑작스럽지 않았다. 수의사가 안락사를 권유한 순간부터 실제로 떠나기까지 1년이 넘는 시간은 죽음에 대한 준비를 가능하게 했지만, 동시에 '마지막일지 모른다'라는 불안 속에서 살아가는 고통을 동반했다. 이 장에서는 예기 애도라는 특수한 애도 과정과 온라인 공동체 속에서 연대와 위로를 찾아가는 한 여성의 이야기를 다룬다.

운명처럼 찾아온 만남

　유학생으로 미국에 온 지 1년쯤 되었을 무렵, 민아 씨는 먼저 반려묘를 키우고 있던 룸메이트의 끈질긴 권유 때문에 반려묘를 입양하게 되었다. 처음엔 시간적으로나 경제적 여건으로나 불안정한 유학생의 신분으로 반려동물을 키운다는 것은 가당치 않은 일이라고 생각했으나 동물구호단체를 방문한 날, 한 고양이가 그녀의 삶으로 걸어들어왔다. 민아 씨는 고양이 특유의 경계심 없이 첫 만남 때부터 무릎에 올라오고 자신을 따랐던 모모와의 만남을 행운이자 운명 같은 만남으로 받아들였다.

> "룸메이트의 고양이는 전형적인 고양이로 자기만의 공간을 중시했는데, 모모는 저와 항상 함께 있고 싶어 했어요. 모모는 제 인생에서 정말 중요한 자리를 차지했어요."

　민아 씨는 모모의 눈빛과 몸짓만으로도 그의 기분과 원하는 것을 알 수 있었고, 모모 역시 그녀의 루틴을 정확히 파악하고 있었다. 민아 씨와 모모 사이에는 언어를 넘어선 상호교감이 있었고 이는 죽음의 때에도 그러했다.

1년에 걸친 예기 애도

모모는 나이가 들면서 건강이 서서히 악화됐다. 첫 번째 위기는 11살의 모모가 갑자기 쓰러져 응급으로 병원을 찾았을 때 발생했다. 수의사는 안락사를 고려해야 한다고 말했으나 민아 씨는 모모와의 교감을 통해 '아직은 때가 아니다'라는 확신이 있었다.

> "수의사에게 말했어요 '내가 애를 오래 지켜봐서 아는 데, 그런 느낌을 받지 않는다'라고. '엄마, 내 몸이 이상해요. 무슨 일이에요?' 이런 느낌이지, '나 너무 아프니까 이젠 쉬고 싶어요' 이런 느낌이 전혀 아니었거든요."

안락사 권유를 받은 후 모모는 2주간 거의 먹지 못했다. 그러나 모모는 기적적으로 회복했고, 이는 수의사조차 놀랄 정도였다.

그러나 이것이 끝은 아니었다. 그 후 1년 동안 모모는 여러 차례 죽음의 고비를 넘나들었다. 민아 씨는 매번 '이번이 마지막이구나'라고 생각하며 준비했지만, 모모는 다시 살아났다. 이러한 반복으로 인해 민아 씨는 독특한 형태의 애도 경험을 하게 되었다. 예기 애도(anticipatory grief)는 사랑하는 대상

의 죽음이 예상될 때 미리 경험하는 슬픔을 의미한다. 민아 씨
는 모모가 떠날 것을 알면서도, 그 시기를 알 수 없었기 때문
에 지속적인 긴장 상태에 놓여 있었다.

> "문을 열고 집에 들어올 때마다 '얘가 혹시 떠났으면 어쩌
> 지?' 그런 불안감이 계속됐어요. 모모가 힘든 고비를 넘기
> 고 다시 살아나는 모습을 볼 때마다 감사하면서도 한편으
> 로는 내가 모모를 붙잡고 놓아주지 못하고 있는 건 아닌지
> 갈등했어요."

마지막까지 헌신적인 돌봄과 이별

수의사가 안락사를 권고한 진단을 내린 후에도, 반려묘 모
모는 몇 번의 죽을 고비를 넘기고 1년을 더 살았다. 민아 씨에
겐 점점 더 쇠약해지는 반려묘를 지켜보는 게 고통스럽기도
했지만, 그 시기가 반려묘가 건강했을 때보다도 반려묘의 작
은 행동 하나에 감사함과 행복감을 느꼈던 시기였다고 회상
했다. 그녀는 반려묘가 주어진 생을 다 살다 갈 수 있도록 마
지막 순간까지 최선을 다했다.

"죽을 고비가 몇 차례 더 있었어요. 어느 날은 얘가 진짜 떠나는구나 싶어서 완전히 준비하고 밤새워 기다린 적이 있었어요. 며칠 동안 수업도 다 취소하거나 온라인으로 돌려놓고. 제가 강의하는 동안 혹시 모모가 떠날까 봐 다른 지역에 거주하는 친구에게 화상으로 지켜봐달라고 부탁했어요. 지금 돌이켜보면 건강했을 때보다 아팠던 시기에 모모와의 상호작용은 더 좋았던 거 같아요. 나중에는 밥 먹는 모습만 봐도 고맙고 행복하더라고요."

반려묘가 떠나기 두 달 전에 마지막으로 함께 바닷가로 여행을 갔던 것은 민아 씨에게 매우 중요한 순간으로 기억되었다. 12년이 넘는 시간 동안 반려묘와 경험할 수 있는 모든 것을 함께 해왔다고 생각했으며, 이제 자신은 떠나보낼 준비가 되었다는 것을 반려묘에게 들려주었다.

"모모야, 이제 네가 떠난다 해도 나는 다 준비가 됐어. 우린 모든 걸 함께 했잖아."

그로부터 두 달 후 모모는 민아 씨 품에서 잠들 듯 숨을 거두었다.

심리적 고립감과 온라인 애도 공동체

모모가 떠난 후, 민아 씨가 겪은 것은 슬픔만이 아니었다. 그것은 심리적 고립감이었다.

모모가 떠난 날, 민아 씨는 바로 화장장에 갈 수 없어서 하루 동안 모모의 시신을 곁에 두었다. 이는 민아 씨에겐 자연스러운 일이었지만, 미국인 친구들은 충격을 받았다.

> "미국인 친구가 '시체를 옆에 두고 어떻게 자? 으스스하다'라고 하더라고요. 거기에 대고 '방금 너의 딸이 죽었다고 생각해 봐. 네가 슬퍼하며 딸을 쓰다듬고 있는데, 내가 '이미 죽었는데 그러는 건 무섭다'라고 하면 기분이 어떨 거 같아?'라고 말하고 싶었지만, 하지는 않았어요."

전 남자친구의 반응은 더욱 상처가 되었다. 한때 모모와도 함께 살았고, 아플 때 함께 돌보기도 했던 그였지만, 정작 모모의 마지막 모습을 보여주자, '꿈에 나올 거 같다'라고 하며 불편감을 드러냈다. 민아 씨에게 모모는 자식 같은 존재였지만, 그들에게는 단지 '동물의 사체'일 뿐이었다.

이러한 심리적 고립 속에서 민아 씨에게 위로와 지지가 된 곳은 바로 온라인 오픈채팅방이었다. 반려묘의 질병 치료 때

정보를 얻었던 환묘 오픈채팅방(아픈 반려묘를 키우는 사람들이 치료 관련 정보를 나누는 채팅방, 일명 '환묘방')에서, 민아 씨는 생면부지의 타인들로부터 진심 어린 공감과 위로를 받았다.

> "서로 나이도, 얼굴도 전혀 모르거든요. 하지만 그런 건 중요하지 않았어요. 비슷한 경험을 한 사람들끼리 서로 토닥여주고 그러는 게 확실히 힘이 되는 것 같아요. 모모가 떠나고 하룻밤을 데리고 있었다는 얘기에 주위 사람들이 '무섭다'라는 반응을 보였다고 했더니, 환묘방 사람들이 '그게 대체 왜 이상하지? 우리에겐 자연스러운 건데…'라고 하더라고요."

민아 씨에게 온라인 애도 공동체는 자신의 슬픔이 온전하게 수용되는 심리적 안전기지였다. 반려동물의 죽음이 마땅한 애도의 대상으로 존중받는 그곳에서, 보호자들은 서로의 고통을 판단하지 않고 있는 그대로 껴안아 주는 따뜻한 연대를 이루었다.

상실 이후 찾아온 무기력감과 새로운 의미

모모가 떠난 후, 민아 씨를 찾아온 것은 예상치 못한 무기력감이었다.

> "그동안 모모 핑계를 대며 박사 논문이 늦어지는 것을 합리화했는데, 이제 그 핑계마저 없어졌잖아요. 모모를 돌보느라 썼던 시간과 에너지가 남아 있는데, 그걸 학업에 쏟지 못하고 있는 나 자신이 실망스럽고… 전반적으로 우울하고 무기력한 것 같아요."

민아 씨가 보이는 모습은 중요한 애착 대상의 상실 후 한동안 경험하는 무기력감과 우울감으로 볼 수 있고 자연스러운 것이지만, 민아 씨는 자신에게 엄격하고 비판적이었다.

시간이 지나며, 민아 씨는 새로운 방식으로 모모를 기억하기 시작했다. 그녀에게 반려묘는 자신과 십 수년간 동고동락하면서 '삶의 모든 것을 함께 한 동반자'로 의미가 지어졌다.

또한, 반려묘의 죽음을 겪으며 민아 씨에겐 삶에 대한 새로운 관점이 생겼다. 인생은 짧기에 남이 어떻게 생각하든 상황이 어떻든 하고 싶은 것이 있다면 미루지 말고 '지금' 해야겠다는 것이다. 민아 씨는 요즘 삶에 대한 자신감이 떨어지고 현실을 회피하고 싶은 유혹에 흔들릴 때마다 반려묘를 떠올리며 곁에서 자신을 응원하는 존재로 의미를 새롭게 부여했다.

　"'모모야, 나 이렇게 하고 있어' 모모에게 내가 잘해가는 모습을 보여주고 싶어요."

　민아 씨는 여전히 모모의 유골함을 곁에 두고 있다. 모모와의 추억이 있는 바다에 뿌려주고 싶지만, 아직 그럴 마음의 준비가 되지 않았다. 그리고 그것도 괜찮다. 애도에는 정해진 시간표가 없다. 'we did it all' 우리는 모든 것을 함께 다 했다. 그것으로 충분하다.

제2장
존엄한 마지막을 위한 결정

지원 씨(35세)는 회복 불가능한 암 진단을 받은 반려묘를 2개월간 헌신적으로 돌보다가 반려묘의 존엄한 마지막을 위해 안락사를 결정하였다. 이 이야기의 중심에는 '돌봄 윤리'에 관한 근본적인 질문이 있다. 사랑하는 존재를 끝까지 붙잡고 있는 것이 진정한 사랑인가, 아니면 고통으로부터 해방해 주는 것이 사랑인가? 인간에게 존엄성이 중요하듯, 반려동물도 존엄하게 죽을 권리가 있는가? 지원 씨의 선택은 단순한 포기가 아니라, 깊은 사랑과 윤리적 고민 끝에 내린 결정이었다.

관계의 시작 : 동병상련의 인연

지원 씨는 10년 전 희귀암에 걸린 어머니와 사별했다. 암 진단 후 단 한 달 만에 세상을 떠난 어머니. 손도 제대로 써보지 못한 채 맞은 이별은 지원 씨에게 깊은 상처로 남았다. 그 충격으로 직장을 그만두고 우울증 치료를 받았고, 여동생과도 갈등을 겪으며 결국 원치 않게 1인 가구로 살게 되었다. 그로부터 8년 후 친구의 집에서 임시 보호 중인 한 마리 고양이를 만났다.

> "루이는 입질이 심해서 임시 보호를 7번이나 다녔어요. 루이를 맡았던 가정마다 '무는 버릇이 있어 감당이 안 된다'라고 하며 돌려보냈대요. 제 친구네가 마지막 임시 보호처였는데, 다음 임시 보호처를 찾지 못하면 안락사가 될 상황이었어요."

루이를 처음 봤을 때, 지원 씨는 묘한 감정이 들었다. 가족으로 선택받지 못하고 눈칫밥을 먹으며 떠도는 고양이의 상황이, 부모를 잃고 혼자가 된 자신의 처지와 겹쳐 보였다. 동병상련(同病相憐)의 마음으로, 지원 씨는 루이를 입양하기로 결심했다.

"루이를 처음 봤을 때 드는 생각이 측은지심(惻隱之心)이었어요. '가족을 원하는데 만들지 못하는 모습이 너나 나나 비슷한 처지구나. 그럼 내가 너의 가족이 되어주면 되지 않을까'라고 생각했어요."

깊어지는 유대 : 서로를 변화시키는 관계

루이와의 생활은 지원 씨에게 예상치 못한 변화를 불러왔다. 청결과 관련해선 지나칠 정도로 깐깐하게 굴었던 그녀가 루이와 함께 살며 부드러워졌다.

"제가 예민하고 청소 결벽증이 심해서 친구가 걱정을 좀 했어요. 근데 제가 루이를 진짜 사랑하긴 하나 봐요. 루이와 교감하며 느껴지는 행복감이 저의 독립적이고 깔끔한 체하는 성향을 지키려는 고집을 꺾어버린 거 같아요."

더 놀라운 것은 루이의 변화였다. 일곱 번의 임시 보호처에서 거부당했던 루이가 지원 씨에게만은 절대적인 신뢰를 보였다.

"신기한 게, 루이가 저한테는 한 번도 입질을 안 했어요. 제가 루이의 발톱을 깎고, 양치를 시키고, 약을 먹이는 것을 직접 다 했다고 하니까, 루이를 아는 분들이 모두 놀라셨어요. 다들 '루이가 당신을 엄마로 인정하나 보다'라고 하시더라고요."

서로 다른 존재가 만나서 서로에게 맞추며 가족이 되어가는 과정. 그것은 단순한 적응이 아니라 상호 변화와 성장의 과정이었다.

헌신적인 돌봄 : 초인적인 힘

2022년 봄, 루이는 5살 정도로 추정되는 건강한 고양이었다. 그런데 어느 날 입 안에서 이상한 혹이 발견되었다.

수의사는 '구강암은 진행이 매우 빠르고, 보통 3~4개월이면 온몸에 퍼져서 안락사나 호스피스를 선택하게 된다'라고 설명하였다. 지원 씨는 희귀암에 걸린 어머니를 손써보지도 못하고 떠나보낸 후회가 떠올랐다.

그래서 지원 씨는 '루이만큼은 그런 식으로 보내지 않겠다, 내가 할 수 있는 모든 것을 다 하겠다'라고 결심했다. 루이의 항암치료를 시작했는데, 구강암 특성상 약을 먹일 수 없어서 비강 튜브를 삽입해 약을 투여하는 호스피스 치료를 병행하기로 했다. 이 모든 건 집에서 이루어져야 했다. 지원 씨는 회사 상사에게 솔직하게 상황을 말하고 도움을 요청했다.

> "상사분께 '루이는 시한부 인생을 사는 친구라서 마지막 보살핌은 제가 직접 해주고 싶다'라고 말씀드렸어요. 운이 좋았던 게 제 일이 재택근무가 가능했고, 상사분이 강아지를 키우고 계시고, 먼저 강아지를 떠나보낸 후배도 있어서 팀원분들이 업무적으로 배려를 많이 해 주셨어요. 덕분에 마지막 두 달은 집에서 루이와 24시간 붙어 있으면서 온전히 돌볼 수 있었어요."

지원 씨에게 그 두 달은 잠을 거의 못 잘 정도로 정신적·육체적으로 힘든 시간이었다. 루이를 돌보는 것은 신생아를 돌보는 것과 유사했다. 하루에 비강 튜브로 급여해야 하는 칼로리는 정해져 있는데, 루이의 소화 능력이 점점 떨어지고 발버둥 치거나 하면 급여에 실패했다. 더구나 신부전도 있어서 매일 수액도 놔야 했다. 지원 씨는 '사람은 극한 상황에 닥치면 뭐든 할 수 있게 된다'라는 걸 배우게 됐다고 했다.

"'이 세상에 루이를 지킬 존재는 나밖에 없다. 마음 굳세게 먹어야 한다.' 초인적인 힘이 생겼다고 해야 하나. 수액을 놓는 것도 못 할 줄 알았는데, 하게 되더라고요."

돌봄과 놓아줌 사이 : 끝없는 갈등

항암치료와 호스피스 돌봄 과정에서, 반려묘를 고통 속에 붙잡고 있는 건 아닌가 하는 생각과 후회 없이 최선을 다하고 싶은 마음 사이에서 끊임없이 갈등했다.

"'얼굴이 막 다 짓무르고 피부가 괴사하고 있는데도 내가 애를 붙잡고 있는 건 아닐까?' 생각했어요. 그래서 기준점을 무엇으로 잡아야 할지 고민했어요."

수의사가 알려준 나쁜 징조들은 나타나지 않았고, 그녀는 루이의 상태에 따라서 일희일비했다. 그러다 결단의 순간이 왔다. 루이에게 발작이 나타났고 대소변도 가리지 못하게 되었다. 그때 지원 씨는 결심했다.

"이제 더 이상 안 되겠다. 인간도 존엄성 얘길 하잖아요. 루이도 이렇게까지는 자신의 끝을 보여주고 싶지 않을 수 있겠다고 생각했어요."

지원 씨는 안락사에 관한 결정을 오로지 혼자 내려야 했다. 힘들었지만, 한편으론 혼자였기에 다행이었다는 생각도 했다. 유사한 상황에 놓인 다른 이들의 얘기를 들어보면, 가족 간에도 의견이 갈려서 누군가는 '끝까지 해보자'라고 하고, 누군가는 '이제 보내주자'라고 갈등하면서 더 큰 고통을 받았다고 했다. 지원 씨는 유일한 보호자였기에 루이의 상태를 가장 잘 아는 자신이 결단을 내릴 수 있었다. 인간의 존엄성이 중요한 가치인 것처럼, 반려동물 또한 생의 마지막 순간까지 존엄성을 유지할 수 있어야 한다는 신념이 그녀의 결정 과정에 영향을 미쳤다.

"주사약이 들어가고 얼마 후 힘들게 그르렁 대던 숨소리가 안 들리는 거예요. 이제 진짜 갔구나. 또 한편으로는 그동안 그렇게 숨 쉬는 게 얼마나 힘들었을까." 루이의 고통이 끝났다는 안도와 슬픔이 동시에 교차했다.

통곡의 동굴 속에 갇히다

　루이가 떠난 후, 그녀에겐 일상의 시계가 멈추고 공허함이
찾아왔다.

　　"루이에게 밥을 주고 화장실 치우고 놀아주고… 눈 뜨면
　　늘 하던 일과가 사라지니까 집에 오면 할 일이 너무 없는
　　거예요. '이제 난 뭘 해야 하지?' 되게 공허함을 많이 느꼈
　　어요."

　지원 씨는 텅 빈 집에 들어가는 게 너무 싫어서 무리해서
야근하고 최대한 집에 늦게 들어가려고 했다. 루이를 돌보느
라 2개월간 쪽잠을 자면서 24시간 호스피스 돌봄을 했던 지원
씨는 그 피로가 아직 회복되지 않은 상태에서 야근과 주말 근
무를 강행했고, 이는 급격한 체중 감소와 불면증 등 건강상의
문제로 이어졌다.

　　"몸무게가 10킬로 가까이 빠졌어요. 집에 있으면 눈물밖에
　　안 나오더라고요. 하늘이 원망스럽고… 떠나보내고 나서
　　는 루이가 아팠던 것만 기억이 나고 좋았던 기억은 하나도
　　떠오르지 않아 너무 힘들었어요."

지원 씨는 '통곡의 동굴'에 갇혔다. 온 힘을 다해 지켰던 존재가 사라지자, 삶이 의미를 잃었고, 새로운 삶을 계획하기보다는 과거에 머물렀으며, 루이와의 행복했던 기억은 사라지고, 고통스러웠던 마지막 순간만 반복해서 떠올랐다.

동병상련의 아픔을 겪은 사람들의 위로

지원 씨는 어머니를 잃었을 때의 경험에서 배운 것이 있다.

> "엄마를 떠나보내고 온전히 추모할 시간이 별로 없었어요, 그래서 그때 추모할 수 있는 공간도 필요하고 시간도 필요하다는 것을 정말 많이 느꼈거든요."

슬픔을 말로 표현하지 않으면 마음의 병이 되어 결국 자신을 잠식한다는 사실을 그녀는 몸소 배웠다. 지원 씨는 다시 찾아온 이별 앞에서 슬픔에 침잠 덩하는 대신 적극적으로 애도할 방법을 찾았다. 먼저 루이의 유골로 추모석을 만들고, 루이 사진과 루이가 좋아하던 물건들을 모아서 집안에 추모 공간을 만들었다. 매일 그 앞에서 루이에게 말을 걸었다. 그리고 온라인 펫로스 오픈채팅방(반려동물을 상실한 사람들이 모여 함께 추모하고 슬픔을 나누는 방. 일명 '무지개방')에도 참여했다.

> "무지개방은 정보를 공유하는 방이 아니라 하소연하는 방이에요. 누군가 '오늘 우리 애가 너무 보고 싶어 울었다'라고 얘기하면 다들 나서서 위로를 해주는 방이거든요."

무지개방에서 지원 씨는 자신만 그런 게 아니라는 것을, 자신의 슬픔이 이상한 게 아니라는 것을 확인할 수 있었다.

새로운 인연을 통한 상실의 치유

루이가 떠나고 6개월 후, 지원 씨는 길고양이를 구조해 입양하면서 삶의 새로운 의미를 찾았다. 지원 씨는 길고양이를 보는 순간, 루이가 보내준 친구인 것 같았다고 말했다. 그녀는 그 고양이에게 루시라는 이름을 지어주었다. 루이와 루시라는 이름에서도 연결고리를 만들었다.

> "루시가 오고 나서는 다른 잡생각이 안 들긴 했어요. 애를 챙겨줘야 하니까 우울할 틈이 없는 거예요."

루시가 온 후 불면증과 빈 공간에 대한 두려움이 사라졌다. 그리고 이제는 아팠던 기억보다 좋고 행복했던 기억이 더 떠오른다고 말했다. 이는 '루시가 놀고 있는 모습을 보면, 그 공간에서 루이도 잘 놀았었지'라고 하며 루이와의 행복했던 시간을 떠올릴 수 있게 되었기 때문이다.

"루시는 엄마 외롭지 말라고 루이가 보내준 친구인가 봐요."

루시는 루이를 대체한 것이 아니라, 루이와 지원 씨를 연결하는 새로운 고리가 되었다. 새로 입양한 반려묘의 존재를 통해, 지원 씨는 떠나간 반려묘를 긍정적으로 추억할 수 있게 되었고, 일상이 다시 회복되었다.

돌봄의 확장

루시를 입양한 후, 지원 씨는 길고양이를 돕는 봉사활동을 시작했다.

"다른 고양이들을 돕는 것이 언젠가 다시 만날 루이를 위해 선행을 쌓는 거라고 생각해요."

어머니의 죽음 이후 죽음에 대한 공포와 트라우마를 가지고 있던 지원 씨는 루이와의 이별을 겪으면서 죽음을 조금씩 수용하게 되었다.

"사실 엄마를 떠나보내면서 죽음이라는 걸 목격하고 트라우마가 될 정도였어요. 죽음이 엄청나게 두려웠거든요. 하지만 루이를 보내고 나서는 소중한 존재와의 이별을 삶에서 피할 수 없다는 것을 받아들이게 됐어요."

그리고 지원 씨는 깨달았다. 물리적 죽음 이후에도, 사랑했던 존재는 다른 방식으로 여전히 존재한다는 것을. 루이는 그녀의 추억 속에서, 루시와의 관계 속에서, 그리고 그녀가 다른 길고양이들을 돕는 활동 속에서 여전히 기억되고 살아있다.

안락사는 보호자가 내릴 수 있는 고통스러운 결정 중 하나이다. 하지만 때로는 사랑의 가장 어려운 표현일 수 있다. 중요한 것은 할 수 있는 최선을 다하는 것, 명확한 기준을 가지고 판단하는 것, 사랑하는 존재의 입장에서 생각하는 것, 자신의 선택에 책임을 지는 것, 그리고 그 선택을 후회하지 않는 것이다.

지원 씨는 이 모든 것을 했고, 그래서 그녀는 루이에게 말할 수 있었다. "우리는 할 만큼 했어. 후회 없어." 그리고 그것이 가장 존엄한 이별이었다.

제3장
두 번의 이별, 다른 슬픔

가영 씨(36세)가 20살이었을 때, 어머니가 이웃에게 받아온 두 마리 반려견을 가족들과 함께 키우기 시작했다. 첫 번째 이별은 예기치 않게 찾아왔고, 그녀는 상실로 인한 후유증을 심하게 겪었다. 두 번째 상실을 맞이할 당시 가영 씨는 1인 가구로 반려견의 주 양육자였으며, 이별 후 후회를 반복하지 않기 위해 최선을 다해 돌보며 가족들과 함께 준비된 이별을 맞이하였다. 이 장은 한 사람이 두 가지 다른 맥락의 상실을 겪으며 느낀 공통점과 차이점을 조명한다.

첫 번째 이별 : 까망이의 갑작스러운 죽음

12살이었던 까망이가 떠난 날은 가영 씨에게 '세상이 무너진' 날이었다. 건강검진에서도 '살만 좀 빼면 된다'라는 수의사 말을 들었던 게 불과 얼마 전이었다. 활발하고 애교 많던 까망이가 갑자기 변을 못 보고, 보행이 어려워지더니 3개월 만에 떠났다. 의학적으로 원인을 알 수 없고, 더 이상 할 수 있는 처치가 없다고 해서 집에 데리고 온 그날 세상을 떠난 것이다.

반려견을 키운 지 10년이 넘었지만 죽음에 대해서는 아무런 준비가 되어있지 않았다. 가영 씨는 그날 밤 인터넷에 '강아지 장례'를 검색하고, 급히 수의를 주문하고 장례 업체에 예약했다. 이 모든 게 낯설고 두려웠다. 다행히 가영 씨의 어머니는 장례지도사였다. 어머니는 가족들을 진정시키며 까망이의 주변에 둘러앉아 마지막 인사를 나누도록 이끌었다. 가족들은 까망이를 위한 편지를 쓰고, 마지막 우유를 먹이고, 조용히 기다렸다. 그리고 가영 씨가 잠든 사이, 까망이는 조용히 세상을 떠났다.

반려견의 갑작스러운 죽음이 그녀에게 남긴 것은 끝없는 물음표였다. '까망이는 아프지도 않았는데 왜 그렇게 갔지?' 의사도 부검을 하지 않는 이상 원인을 알 수 없다고 했다.

까망이가 떠난 후 오랫동안, 가영 씨는 까망이와 같은 견종인 요크셔테리어만 보면 눈물이 먼저 났다. 길에서, TV에서, SNS에서 비슷한 강아지를 보는 것만으로도 그날의 기억이 밀려왔다.

무엇보다 힘들었던 것은 '해주지 못한 것들'에 대한 후회였다. 충분히 산책시켜 주지 못한 것, 생일파티를 해주지 못한 것, 마지막을 제대로 준비하지 못한 것. 갑작스러운 이별은 이 모든 것을 후회와 자책으로 바꾸어 놓았다.

두 번째 이별 : 곰돌이와의 준비된 이별

까망이를 보낸 후, 가영 씨와 가족은 달라졌다. 곰돌이에게 '똑같이 후회할 상황을 만들지 말자'라고 다짐했다. 13살이 된 곰돌이를 위해 수의를 미리 구입했다. 가영 씨는 본가에서 독립할 때 곰돌이를 함께 데리고 나왔는데, 노견이 된 곰돌이와 단둘이 시간을 보내고 싶다는 열망 때문이었다. 그녀가 휴직하고 '단둘이 지낸 6개월이 가족과 함께 키웠던 10여 년보다 곰돌이에 대한 애착과 책임감을 더 강하게 느꼈던 시간'이었다고 말하며, 그때가 자신의 인생에서 가장 행복했던 시기였다고 회고했다. 곰돌이와 하고 싶은 것들을 목록으로 만들어 하나씩 도장 깨기를 해나갔다.

2023년 7월, 곰돌이의 입안에서 종양이 발견됐다. 구강 종양은 빠르게 커졌고, 곰돌이는 먹지도 못하고 몸의 균형을 잡기도 힘들어했다. 수의사는 완치가 어렵다고 했다.

이번에는 이별을 준비할 시간이 있었다. 가영 씨는 직장에 돌봄 휴직을 신청했다. 직장에서 반려동물 간병은 휴직 대상이 안 되었지만, 암 투병 경험이 있는 상사의 배려 덕분에 아버지 간병을 사유로 해서 서류를 제출했다.

"강아지도 가족인데 쉬어야지. 사람은 아프다고 말이라도 하지만, 애는 너 아니면 아무것도 못 하잖아."

7월부터 10월까지, 가영 씨는 곰돌이와 24시간을 함께 했다. 투병 후반부엔 여동생과 옆 단지에 사는 친구가 교대로 돌봄을 도와준 덕분에 체력적 소진을 이겨 낼 수 있었다.

곰돌이의 삶의 질이 너무 떨어지자, D-day를 정하고 매일 사진을 찍었다. 곰돌이와 바다를 보러 가고, 도자기 공방에서 곰돌이 발도장을 찍고, 곰돌이 털도 모았다. 까망이에게 해주지 못한 모든 것을 곰돌이와 함께 했다.

선택된 마지막 날, 가영 씨는 가족과 함께 곰돌이를 여동생이 근무하는 동물병원으로 데려갔다. 여동생의 세심한 보살핌 아래, 곰돌이는 여느 사람의 마지막 못지않게 경건하고도 평온한 임종을 맞이했다. 단 세 대의 주사로 십칠 년의 생이 막을 내린다는 사실이 너무 허무했다. 하지만 과거 까망이를 떠나보낼 때의 회한과는 달리, 이번에는 마지막까지 최선을 다했다는 사실이 슬픔 속의 작은 위안이 되어주었다.

두 번의 이별이 남긴 것

까망이의 갑작스러운 죽음은 가영 씨에게 급성 애도 반응 (acute grief response)을 일으켰다. 부정, 충격, 혼란이 뒤섞였고, 현실감각이 사라졌다. '나만 빼고 세상이 흘러가는' 느낌이었다. 통제감을 완전히 상실한 상태에서, 가영 씨는 무력감에 압도되었다.

반면에 곰돌이와의 이별은 달랐다. 3개월 간의 투병 기간은 고통스러웠지만, 동시에 이별을 준비한 시간이기도 했다.

두 이별에서 공통으로 나타난 것은 죄책감이었다. 하지만 ㄱ 성격은 달랐다. 까망이에 대한 죄책감은 '하지 못한 것들'에 대한 것이었다. 충분히 산책 시켜주지 못한 것, 생일파티를 해주지 못한 것, 마지막을 제대로 준비하지 못한 것. 곰돌이에 대한 죄책감은 다른 차원이었다. '많이 기다리게 해서 미안한' 마음이었다. 1인 가구로 독립한 후 곰돌이와 단둘이 24시간 함께 보낸 6개월은 '인생에서 가장 행복한 시간'이었지만, 그 후 노견인 곰돌이가 혼자서 매일 10시간 가까이 자신을 기다려야 했던 현실도 직시하게 되었다.

> "1인 가구 환경은 반려동물을 양육하기에 좋지 않은 거 같아요. 너무 기다리게만 해서 미안해요. 재택근무가 아닌 한, 혼자 사는 상황에서는 반려동물을 키우면 안 될 거 같아요."

두 번의 이별에 대한 주변의 반응도 달랐다. 까망이의 갑작스러운 죽음에 가족들은 충격을 받았지만, 슬픔을 드러내기보다는 남은 반려견인 곰돌이에게 더 잘해주는 것으로 애도를 대신하였다. 곰돌이의 투병 과정에서는 더 많은 정서적 지지를 받았다. 직장 동료들은 가영 씨가 얼마나 곰돌이를 아끼는지 알고 있었고, 휴직할 수 있도록 도왔다. 가족뿐 아니라 강아지 모임의 친구들도 곰돌이의 장례식에 조문을 왔고, 온라인상에서도 많은 사람의 추모와 위로가 이어져, 슬픔을 함께 나누며 따뜻한 애도의 시간을 보냈다.

두 번의 이별은 가영 씨에게 다른 교훈을 남겼다. 까망이는 '죽음 준비의 중요성'을 가르쳤고, 곰돌이는 '현재의 소중함'을 일깨웠다. 하나는 '미완성의 아픔'을, 다른 하나는 '선택의 무

게'를 남겼다. 까망이와 곰돌이는 다른 방식으로 떠났지만, 둘
다 가영 씨의 삶에 깊은 흔적을 남겼다.

제4장
너를 지키고 싶었지만 …

이 장은 경제적, 현실적 한계 때문에 안락사를 선택해야
했던 혜경 씨(41세)의 이야기이다. 15살의 반려견이 여러 질
환으로 24시간 돌봄이 필요한 상태가 되자, 혜경 씨는 생계를
위한 일과 반려동물 돌봄을 병행하기 어려운 상황에서 극심
한 갈등을 겪다가 반려견을 안락사로 떠나보냈다. 이후 그녀
는 경제적 어려움 때문에 반려견에게 때 이른 안락사를 시켰
다는 자기 비난과 극심한 죄책감에 시달렸다. 이 이야기는 선
택할 수 없었던 선택에 관한 것이다.

첫 번째 안락사 : 코비가 남긴 한

혜경 씨에게 코코는 두 번째 반려동물이었다. 첫 번째 반려동물이었던 코비는 강아지를 워낙 좋아했던 혜경씨를 위해 아버지가 친구분에게서 데려왔다. 코비는 9살까지 살았는데, 뇌 신경계 질환 때문에 잦은 발작을 하자 부모님이 코비를 안락사로 떠나보냈다. 당시 20대였던 혜경 씨는 경제적 능력이 없었고, 부모님은 '수술해도 나을 가능성이 적은 아이한테 몇 백만 원의 돈을 들여서' 치료하기를 원치 않았다.

코비가 떠난 빈자리는 너무 컸다. 재혼 가정에서 성장하며 어려서부터 외로움을 많이 탔던 혜경 씨는 집에 혼자 있는 시간이 외롭고 무서웠다.

> "코비의 빈자리가 너무 컸고, 혼자 있는 시간이 힘들어서 코코를 새로 입양했어요. 밤늦게 퇴근하거나 여자 혼자 있는 게 무섭고 불안했어요. 어릴 때부터 외로움을 많이 타는 성격이었는데, 제가 돌봐야 할 존재가 생기니까 불안하거나 외로움 같은 건 많이 없어졌던 것 같아요."

혜경 씨는 코코를 입양할 때, '이번엔 내가 번 돈으로 병원을 열심히 데리고 다니면서 끝까지 키울 거라고' 다짐했다.

원치 않은 독립과 둘만의 7년

혜경 씨는 코코를 입양한 후 7년을 가족과 살다가 2016년, 부모님이 아예 낙향하면서 원치 않는 독립을 하게 되었다. 그녀는 당시 경제적으로도, 심리적으로도 독립할 준비가 안 되어있었다. 무엇보다 코코를 혼자 두게 되는 상황이 올 미래를 전혀 생각하지 못했다. 하지만 외로운 홀로살이에 코코가 심적으로 많은 의지가 됐다. 또한, 코코를 막내동생으로 여겼지만, 심리적으로는 엄마로서의 정체성과 책임감을 느끼고 있었다.

> "코코를 부모님이랑 같이 살 때부터 키웠으니까 막내동생이었죠. 그런데 둘만 살게 되면서 제가 주 양육자가 되다 보니 언니이자 엄마였던 것 같아요. 그때부터는 제가 다 책임을 져야 했으니까요."

선택할 수 없었던 선택

반려견이 나이가 들면서 돌봄 시간과 돌봄 비용이 급증했고, 생업과 간병을 병행해야 하는 고충이 커지면서, 혜경 씨는 가족의 도움 없이 1인 가구로 살아가는 삶의 한계를 실감하였다.

2023년 봄, 코코가 넘어지면서 경추디스크로 앞다리가 마비되었는데, 수술은 나이와 위험성 때문에 불가능했다. 코코는 노화로 이미 2~3년 전부터 시력을 완전히 잃은 상태였는데, 또한 다리까지 마비되어 혼자 거동이 어렵게 되자 24시간 돌봄이 필요한 상황이 되었다.

혜경 씨에게는 퇴사하고 돌보기, 가족에게 맡기기, 펫시터 고용하기라는 세 가지 선택지가 있었으나 선택이 불가능했다. 코코를 돌보려면 돈이 필요하니 퇴사는 불가능했다. 당시 아버지는 폐암 수술을 앞두고 있었고, 동생은 갓 출산한 상태라 도움을 요청할 수 없었다. 하루 종일 펫시터를 쓰는 비용은 혜경 씨 월급 전부에 해당했다.

> "매달 200만 원씩 펫시터 비용이 들어가면 계속 빚을 지는 삶을 살아야 하잖아요. 그런데 보내고 나니까 멍청하게 이제야 후회가 되는 거예요. 빚을 져서라도 좀 더 해 줘 볼 걸… 너무 성급하게 포기한 거 같다는 생각이 들어서… 경제적인 준비가 안 돼서 더 살 수 있는 코코를 안락사로 보냈다는 죄책감이 커요."

혜경 씨는 안락사 전날, 결정을 번복하고 싶었으나 아버지의 완강한 반대에 부딪혀 결국 코코를 안락사로 떠나보냈다.

장례 없는 이별과 인정받지 못한 슬픔

코코와의 마지막은 너무나 황망했다. 코코를 안락사로 떠나보낸 후 혜경 씨 아버지가 일구는 밭 옆에 묻었다. 휴가를 낼 수 없었던 그녀는 바로 다음 날 출근해야 했다. 서비스업 업무 환경에서 슬픈 표정이나 눈물은 부정적인 반응으로 치부될 수 있기에 혜경 씨는 감정을 드러내지 않으려고 애썼으나 그게 안 됐다. 동료들의 반응은 제각각이었는데, 이해해 주는 사람도 있었지만, '어쩔 수 없는 거다. 직장에선 그런 티를 내지 말아야지. 언제까지 그럴 거냐'라고 힐난하는 동료의 반응에 상처받기도 했다. 공황 증상과 죄책감, 우울감, 슬픔은 그녀가 스스로 조절할 수 있는 한계를 넘어섰고, 결국 3개월 병가 휴직을 신청해 코코가 묻혀있는 부모님 댁으로 내려갔다.

죄책감의 무게

혜경 씨의 슬픔은 복합적이었다. 경제적인 준비와 돌봄 지원을 받을 수 없는 환경 때문에 코코를 죽게 했다는 죄책감을 떨칠 수 없었다. 코코는 여러 질환과 활동에 제약이 있었지만 당장 생명이 위급한 상태는 아니었다. 누군가가 곁에 있어 주었다면 좋았을 텐데. 그런데 혜경 씨는 그 '누군가'를 구할 방법이 없었다.

> "제가 1인 가구로 사는 것에 대해서 이렇게 원망스러웠던 적은 없는 것 같아요. 그리고 경제적인 대비를 못 했다는 것에 대해서도. 나 자신이 너무 한심스러웠어요."

혜경 씨는 휴직한 3개월 동안 하루도 빠짐없이 코코가 묻힌 곳을 찾아가 미안하다며 울다가 오곤 했다. 소화되지 않은 슬픔은 공황 증상 같은 신체적 증상으로 나타났는데, 경제적 이유로 반려견을 떠나보낸 자신에게 돈을 쓰는 것에 대해 죄책감을 느껴 상담을 중단하는 식으로 자신을 비난하고 처벌했다.

> "내가 쉴 자격이 있나 싶었어요. 상담비 등 날 위해 돈 쓰는 것도 코코에게 죄책감이 들어 못 하겠더라고요."

회복의 여정 : 죄책감의 승화

혜경 씨는 단순히 가까운 관계보다 반려동물을 떠나보낸 경험이 있는 이들의 공감과 위로가 더 큰 도움이 됐다.

"저 말고도 코코를 기억해 주고, 추억을 나누며 이야기할 수 있는 사람이 되게 필요했던 것 같아요. 펫로스 자조모임이나 펫로스 단톡방에서는 저와 유사하게 1인 가구이면서 안락사로 보낸 분들도 있어서 '나만 그런 게 아니구나' 하고 위로받고 힘이 되었어요."

펫로스 공동체에서 자신의 슬픔이 이해받고 수용되면서, 혜경 씨는 점차 죽음의 장면에서 빠져나와 반려견과 함께한 시간의 소중함과 삶의 새로운 의미를 조망할 수 있게 되었다. 또한, 상실의 아픔이 자신을 좀 더 단단한 사람으로 만들 거라는 것을 깨달았다.

"이런 힘든 일을 극복해 가면서 내가 좀 더 마음이 단단한 사람이 되겠지, 이런 생각을 해요."

혜경 씨는 반려견에 대한 죄책감을 유기 동물을 돌보는 봉사활동으로 승화했다. 혜경 씨는 코코가 생명에 대한 책임감을 일깨워준 존재이며, 코코가 떠난 후 시간을 헛되이 보내는 것은 코코의 죽음을 더 의미 없게 만드는 것이라 여겼다. 따라서 코코 이름으로 기부하고, 유기견 보호소에서 봉사활동을 하며 새로운 삶의 의미를 만들고자 했다.

> "이대로 계속 허망하게 있으면 코코가 떠나간 게 더욱 의미가 없어지는 것 같아서요. '내가 뭐라도 실천해야지… 내가 이렇게 의미 있는 일들을 하며 살아야 코코가 보기에 좋은 삶 아닐까?'라는 생각을 많이 하곤 해요."

혜경 씨의 이야기는 결국 '선택할 수 없었던 선택'에 관한 기록이다. 그녀는 누구보다 반려견을 지키고 싶었지만, 1인 가구로서 생계와 돌봄을 동시에 감당할 수 없는 구조적 한계 앞에서 무력할 수밖에 없었다. 혜경 씨가 자신을 용서하기까지는 오랜 시간이 필요했고, 어쩌면 그 과정은 아직도 계속되고 있는지도 모른다. 하지만 그녀는 죄책감 속에 멈춰 서 있는 대신, 코코가 일깨워준 생명에 대한 책임감을 자신만의 방식으로 이어가기로 했다. 코코를 떠나보낸 슬픔은 사라지지 않았지만, 그 슬픔이 향하는 방향은 조금씩 달라지고 있는 것이다.

제5장
혼자 맞은 급작스러운 이별

반려견 사랑이는 수현 씨(23세)가 20대 초반의 나이에 부모에게서 독립하여 취업을 위해 서울로 올라왔을 때, 그 출발을 함께한 존재였다. 사랑이는 단순한 반려동물이 아니라, 낯선 도시에서 홀로 살아가던 수현 씨의 일상을 지탱해 준 심리적 수호자와도 같은 존재였다. 이 장의 이야기는 너무 이른 시기에, 아무런 준비도 없이, 그리고 대부분의 시간을 혼자 감당해야 했던 상실에 관한 기록이다.

버려진 존재에서 가족이 된 존재

사랑이는 포메라니안 브리더가 분양을 목적으로 키우던 강아지였다. 털이 잘못 깎여 분양이 어렵다던 강아지였지만, 수현 씨 가족에게 사랑이는 흠이 아닌 사랑스러운 막냇동생이었다. 네 형제 중에서도 유독 수현 씨가 사랑이에게 각별한 애착을 가졌다. 중학생 때부터 아르바이트했던 그녀는 자신이 번 돈으로 사랑이에게 필요한 물건을 사고, 산책도 도맡아 했다. 수현 씨가 스무 살에 대학을 중퇴하고 취업을 위해 서울로 올라갈 때도 가족들은 사랑이를 그녀와 함께 보내기로 했다. 그렇게 사랑이는 가족의 품을 떠나, 수현 씨의 첫 독립생활을 함께하는 존재가 되었다.

나의 수호자이자 웃음의 근원

21살의 어린 나이에 홀로 시작한 서울 생활은 자유로움과 동시에 외로움과 두려움이 함께했다. 직장생활을 하며 사랑이를 온전히 돌볼 수 있을까 하는 염려가 앞섰지만, 사랑이의 존재로 인해, 때때로 엄습하는 외로움과 두려움을 극복할 수 있었다. 낯선 도시에서 사랑이는 수현 씨에게 외로움과 두려움으로부터 자신을 지켜주는 수호자이자, 하루의 피로를 날려버리는 웃음의 근원이 되었다.

> "뭔가 낯선 세상에 둘만 딱 떨어진 느낌이었어요. 제가 원래 겁이 엄청 많거든요. 귀신이 무서워서 샤워할 때도 고개를 숙여 머리를 못 감고, 잘 때도 이불로 발을 꽁꽁 싸매고 자고… 그래도 사랑이가 있어서 잘 잤던 거 같아요. 사랑이는 항상 제 옆에서 잤거든요. 그리고 회사에서 지친 상태로 퇴근해도 사랑이를 보면 그냥 웃음이 났어요."

3주간의 악몽 : 갑작스러운 이별

다섯 살밖에 되지 않은, 아직 어리고 건강하던 사랑이는 갑자기 식음을 전폐했고, 상태는 급격히 악화되었다. 수혈이 필요할 정도로 상황은 위급해졌고, 사랑이는 병원에 입원했다. 수현 씨는 직장 근처 병원에 사랑이를 맡기고 아침저녁으로 면회하러 갔다. 주말에는 아예 병원 근처 회사에서 대기하며 시간을 보냈다.

사랑이가 떠나던 날, 병원에서는 심폐소생술을 하고 있다며 급히 와달라는 연락이 왔다. 정신 없이 달려간 병원에서 수현 씨는 그 작은 몸에 심폐소생술이 시행되는 장면을 마주했다. 그 모습을 보는 순간 눈물이 쏟아졌고, 그녀는 울음을 터뜨리며 말했다. "더 이상 아프게 하지 말아 달라. 그만하면 안 되냐?"

지금도 후회로 남아 있는 장면이 있다. 마지막 순간, 수의사가 사랑이를 안아주라고 했지만, 너무 두려워 그러지 못했다. "사랑이가 나를 원망하지는 않을지 모르겠어요."

무심한 가족, 상처가 되는 말들

삶에서 처음으로 소중한 존재의 죽음을 목도한 경험은 수현 씨에게 감당하기 어려운 충격이었다. 누군가의 도움이 절실했고, 가족에게 전화를 걸었지만, 돌아온 반응은 또 다른 상처가 되었다.

> "가족이랑 3년 넘게 같이 키운 사랑이도 가족이잖아요. 그런데 엄마는 '그냥 네가 잘 보내줘'라고 하고, 아빠는 '무슨 장례식장까지 가냐?'고 했어요. '이걸 나 혼자 감당하라고?'라고 하면서 엉엉 울었어요."

그녀는 아직 체온이 채 식지 않은 사랑이가 담긴 상자를 품에 안고 혼자 장례식장으로 향했다. 사랑이를 화장하는 동안, 겁 많은 사랑이를 혼자 보낼 수 없어 따라가야 할 것 같았지만, 그럴 용기가 나지 않았다고 그녀는 회고했다. 그 말은 당시 그녀가 얼마나 절박한 상황에 있었는지를 그대로 전하고 있었다.

사랑이가 떠난 후에도 수현 씨의 슬픔과 그리움은 가족이나 지인들에게 충분히 이해받지 못했다. 때로는 무심함으로, 때로는 그녀를 위로하기 위한 조언으로, 때로는 현실적인 대응으로 건네진 말들은 마음을 다치게 했고, 결국 그녀는 자신의 감정을 숨기게 되었다.

"진짜 화가 났던 건 이거였어요. 제가 사랑이를 위해 큰맘 먹고 펫드라이룸을 사 놓았었거든요. 근데 사랑이가 떠나자마자 엄마가 그걸 사촌 언니한테 주라는 거예요. 저는 사랑이 냄새가 빠질까 봐 물건들을 하나도 빨지 않고 지퍼백에 넣어 그대로 보관하고 있는데요."

"회사 분들도 사랑이를 다 알고 있었어요. 그런데도… 저를 위해 한 말이겠지만, '그만 잊어', '생각하지 마', '사랑이 반지 같은 것도 만들지 마'라는 말을 많이 하시니까 더 이

상 얘기하고 싶지 않더라고요. 회사에서는 눈물이 날 것 같
으면 그냥 밖에 나가 조용히 울고 난 후 다시 들어가곤 했
어요."

함께 울어준 사람들

가족에게서 상처받았지만, 수현 씨 곁에는 슬픔을 함께해
준 타인들도 있었다. 헤어진 남자친구는 사랑이가 입원했을
때부터 유일하게 사랑이를 걱정해 준 사람이었고, 사랑이가
떠났을 때 장례 비용을 내주며 그녀의 마음을 위로했다. 사랑
이를 예뻐했던 이웃은 사랑이 사진으로 액자를 만들어주며
슬픔을 함께 나누었다.

무엇보다 수의사와 의료진의 존재는 큰 힘이 되었다. 치료
과정뿐 아니라 사망 이후에도 이들은 실질적인 도움과 정서
적 지지를 제공했다.

"담당 수의사 선생님은 출근일이 아닌데도 나와서 처치해
주셨어요. 구하기 힘든 약도 수소문해서 구해 주셨고요.
사랑이를 장례식장 상자에 담아주셨는데, 제가 차마 뚜껑
을 열지 못하고 병원 의자에 몇 시간을 앉아 있었거든요.

그때 선생님이 제 옆에 있어 주시면서 같이 울어주셨어요. 제가 혼자서 장례식장 가는 것을 되게 안타까워하셨어요. 간호사 선생님도 사랑이에 관해 얘기하고 싶으면 언제든 지 오라고 해서, 사랑이가 떠난 후 몇 번 가서 얘기했어요."

이 경험은, 애도하는 이에게 누군가가 곁에 머물러 주는 일이 얼마나 큰 힘이 되는지를 보여준다. 설명하려 들거나 판단하지 않고, 그저 함께 있어 주는 존재 말이다.

부재 속의 현존 : 공간과 물건을 통한 관계 지속

사랑이가 떠난 후, 사랑이와의 추억이 서린 모든 공간은 이제 고통의 공간이 되었다. 집에 들어가기 싫어 동네를 몇 바퀴씩 돌다 들어가기도 했고, 사랑이가 떠난 병원은 한동안 쳐다보는 것조차 힘들었다. 수현 씨는 사랑이가 떠난 후 2개월이 지난 3월이 되어서야 처음 집 근처 공원에 나갔다.

"매해 벚꽃이 피면 사랑이와 항상 집 앞 공원에 있는 큰 벚나무 아래서 사진을 찍었거든요. 그 나무를 보자마자 심장이 쿵 내려앉고, 거길 지나기가 무서운 거예요."

수현 씨는 갑작스러운 단절이 남긴 고통 속에서, 사랑이와의 유대를 이어갈 수 있는 방법을 찾았다. 반려견 유골로 만든 돌, 반려견의 체취가 남은 물건, 반려견에게 쓴 편지 등으로 집안에 작은 추모 공간을 마련했다. 종교와는 무관하게 49재를 지내며, 매주 간단한 의례를 통해 사랑이를 기억했다. 특히, 사랑이의 털이 담긴 액세서리를 몸에 지니며, 여전히 곁에 있는 듯한 감각을 유지하고자 했다.

> "부모님 종교는 기독교인데요. 그래도 제가 어떻게든 사랑이를 챙기고 싶더라고요. 그래서 49재를 검색해서 조그맣게 추모 공간을 마련하고, 일주일에 한 번씩 간단한 의례를 했어요."

수현 씨는 더 이상 반려동물을 키우지 않겠다고 말했다. 결혼하고 자녀가 생긴 뒤에야 다시 생각해 볼 수 있을 것 같다고 했다. 그 이유는 사랑이에 대한 미안함, 그리고 1인 가구 환경에 대한 현실적인 성찰에서 비롯된 것이었다.

> "집에 홈캠을 설치해 사랑이를 항상 지켜봤는데, 제가 나가면 밥도 안 먹고 현관 앞에서 계속 잠만 자더라고요. 그걸 볼 때마다 마음이 너무 아팠어요. 사랑이와 함께한 삶은 행

복했어요. 하지만 혼자 사는 한, 더 이상 반려동물을 키우
지는 않을 거예요."

수현 씨의 이 고백은 한 개인의 선택을 넘어, 오늘날 1인 가
구 환경에서 반려동물과 함께 산다는 것이 무엇을 요구하는
지 다시 생각하게 만든다.

제6장
목격한 죽음, 남겨진 트라우마

50대 싱글인 현서 씨(55세)는 형제들이 있었지만, 아버지와 반려견만을 유일한 가족으로 여겼다. 아버지를 떠나보낸 지 1년 만에, 반려견이 그녀의 눈앞에서 차에 치여 즉사했다. 그 순간, 그녀는 마지막 가족을 잃었다. 이 장은 외상적 죽음이 남긴 트라우마와 그 이후의 치유 여정에 관한 이야기이다.

엄마로 성장하다

알도는 남동생의 집에서 기르던 강아지였다. 무는 버릇이 있었고, 아기에게 좋지 않다는 이유로 버려질 위기에 놓여 있었다. 현서 씨는 남동생의 요청에 못 이겨, 엉겁결에 알도를 떠맡게 되었다. 그때 그녀의 마음은 갈 곳 없는 반려동물에게 보호처를 제공한다는 정도에 가까웠다. 알도에게 별다른 애정이 있었던 것도 아니었고, 반려동물을 키우는 데 필요한 지식도 거의 없었다. 그래서 알도와의 새로운 생활에 적응하는 일은 쉽지 않았다. 그녀는 지난날을 떠올리며 이렇게 말했다. "계속 짖어대서 이웃집에서 민원이 들어왔어요. 화가 난 마음에 알도를 이불로 덮고, 짖지 말라고 때리기도 했죠." 그 말을 하며 현서 씨는 후회의 눈물을 쏟았다. 하지만 시간이 흐르면서 알도에게 애착이 생겼고, 그녀는 어느새 알도만을 바라보는 '자식 바라기' 엄마로 성장해 갔다.

"처음엔 별로 정이 없을 때라, 회사에서 매일 밤을 새우고 돌아오곤 했어요. 그때를 생각하면 알도가 얼마나 힘들었을지… 너무 미안해요. 나중에는 어디를 가든 알도와 함께 했죠. 알도를 만나고 나서야 아낌없이 사랑한다는 게 어떤 건지 알게 됐고, 남들은 알 수 없는 큰 사랑을 알도에게 받앴어요. 알도는 저한테 아들이었어요."

28년간 혼자 지내온 현서 씨에게, 알도는 완벽한 가족이었
다.

"인간관계에서는 상대방의 기분을 계속 살피고 맞춰야 해
서 피곤할 때가 많잖아요. 그런데 알도는 제가 혼자 있는
시간을 방해하지 않았고, 오히려 그 시간이 치유가 되도록
도와줬죠."

알도는 프리랜서 생활의 불안정함과 연고 없는 낯선 도시
에서 살아가며 느껴지는 외로움과 두려움을 해소해 주는 존
재였다. 현서 씨에게는 남자 형제들이 있었지만, 모두 각자의
가정을 꾸린 뒤였기에 그녀는 '가족은 아버지와 알도뿐'이라
고 생각해 왔다. 그녀는 30대에 어머니를 떠나보냈고, 알도가
떠나기 1년 전에는 아버지를 여의었다.

"아빠가 떠났을 때, 생각보다 잘 견딜 수 있었던 것도 알도
덕분이었어요."

그렇게 알도는 현서 씨에게 유일한 가족이 되었다.

교통사고와 공간적 트라우마

2021년 12월, 평범한 어느 일요일이었다. 현서 씨는 자유롭게 뛰노는 것을 좋아하는 알도에게 목줄을 하지 않았다.

"친구들이 그러다 큰일 난다고 했는데, 결국 목줄을 하지 않아서 교통사고가 난 거니까, 다 내 책임이죠."

현서 씨는 교회 주차장에서 알도가 교인의 차에 치여 즉사한 장면을 눈앞에서 목도했다.

"어떤 면에서는 아빠가 돌아가셨을 때보다 마음이 훨씬 더 힘들었어요. 마지막 의지처를 잃은 거죠. 이제는 아무도 없다는 느낌, 세상에 홀로 남겨진 것 같았어요."

더 힘들었던 점은 사고가 난 교회를 매주 가야 한다는 사실이었다. 상실의 슬픔에 더해, 사고 당시의 장면은 생생한 트라우마로 남았다. 사고 장소가 다니던 교회 주차장이었고, 사고 가해자 역시 같은 교회 교인이었기 때문에, 현서 씨는 반려견의 죽음을 떠올리게 하는 장소와 사람을 피하고자 한동안 교회에 나가지 못했다.

"집 안의 모든 공간이 알도가 있던 곳이에요. 같이 자던 침대에 잘 수가 없어서 한동안 거실에 이불을 펴고 잤어요. 혼자 있는 게 두려워서 주말에는 집 밖에서 자고 들어오기도 했고요. TV에서 교통사고 장면이 나오면 아예 보지 못하고 채널을 돌려요."

교회는 죽음이 발생한 장소이기도 했지만, 알도와의 행복한 추억이 깃든 곳이기도 했다.

"사고 후 이사를 해서 이제 현재 집에는 알도가 있었던 공간이 하나도 없는데, 교회에 가면… 알도가 교회에서도 잘 놀았거든요. 교회 어른들도 알도를 참 예뻐해 주셨고요"

시간이 지나면서 현서 씨는 반려견의 죽음을 '사고'로 받아들이기 시작했다. 교회의 공간 또한 고통의 현장이 아닌 알도와의 행복한 추억이 깃든 장소로 새롭게 의미화되면서, 그녀는 비로소 공간에 대한 트라우마를 극복할 수 있었다.

우울감의 지속과 인위적 망각의 노력

떠난 반려견을 떠올리게 하는 대상이나 장소는 곧바로 눈물 버튼이 되었다. 현서 씨는 한동안 반려견의 부재와 죽음을 연상시키는 모든 대상과 장소를 적극적으로 회피했다. 이러한 강렬한 슬픔과 회피 행동은 시간이 흐르며 차츰 잦아들었으나, 2년 반이 지난 지금까지도 반려견과 관련된 물건은 하나도 정리하지 못한 상태다. 서너 달 전, 카페에서 알도와 같은 견종인 닥스훈트와 마주쳤을 때는 그 자리에 주저앉고 말았다.

"피부의 촉감이 똑같아서 알도 생각이 나더라고요."

알도가 떠난 후 한동안, 그녀는 유화 그리기, 꽃꽂이, 요리 등 이것저것 배우러 다녔고, 사람들을 집으로 자주 초대하기도 했다.

"사실 제가 내향인이라 원래 그런 활동을 좋아하는 편이 아니거든요. 그런데 그때는 어떻게든 알도 생각을 하지 않으려고, 잊기 위해 필사적으로 발악했던 것 같아요."

이러한 혼란과 고통 속에서도 그녀는 직장에서는 마치 '가면'을 쓴 사람처럼 슬픔을 감췄다. 동료들에게 안정적인 모습으로 보이고자 안간힘을 쓰며 일상을 버텨냈다.

공감이 주는 위로의 힘

그런 현서 씨에게 큰 전환점이 된 것은 펫로스 집단상담이었다.

> "전에는 울지 않으려고 참고 그랬는데, 그곳에서는 눈물이 흐르는 대로 그냥 뒀어요. 원 없이 울고 나니까 마음이 한결 후련해지더라고요."

그녀는 동병상련의 아픔을 가진 이들 앞에서, 자신의 슬픔을 온전히 이해받는 경험을 했다.

> "동일한 아픔을 겪었으니까, 어떤 이야기를 해도 서로 받아줄 수 있는 거 같았어요."

생명과 죽음에 대한 성찰

반려견의 죽음은 현서 씨가 동물의 관점에서 행복을 다시 생각해 보고, 동시에 자신의 삶과 죽음에 대해서도 성찰하는 계기가 되었다. 알도를 자신의 마지막 가족이라고 여겼던 그녀는 부모와 알도가 모두 떠난 지금, 생에 대한 집착에서 벗어나 한결 홀가분해졌다고 말했다.

> "예전에는 '아빠보다 먼저 가면 안 되지. 알도보다 먼저 가면 안 되지'라고 생각하며 살았어요. 그런데 둘 다 떠났잖아요. 이제는 내가 언제 가도 크게 아쉬울 것 같지 않아요. 왜냐하면 사람들이 죽을 때 남겨진 가족이 슬퍼할까 봐 걱정하잖아요. 근데 이제는 그런 걱정이 없어요. 그리고 알도를 사고로 잃으면서, 나도 얼마든지 그렇게 갑작스럽게 갈 수 있다는 걸 알게 됐어요."

새로운 반려견을 키우는 것에 대해서도 그녀는 이전보다 훨씬 신중해졌다. 새로운 반려동물을 가족으로 맞이한다는 것은, 생의 마지막 순간까지 그 존재를 책임지는 일이라는 사실을 뼈저리게 깨달았기 때문이다. 현서 씨는 은퇴 후 반려동물과 충분한 시간을 보낼 수 있을 때, 은퇴한 안내견을 입양해 마지막까지 잘 돌보고 싶다고 했다. 사고로 떠난 알도에게 미처 해주지 못한 마지막 돌봄을, 노령견에게 대신 해주고 싶다는 마음에서였다.

제7장
연쇄적 상실과 삶의 의미

주연 씨(40세)는 불안정한 가정환경 속에서 성장하며 어머니에게 받지 못했던 사랑을 반려견에게 쏟아부었다. 그녀에게 반려견은 인간관계에서 받은 상처와 결핍된 애정을 대신 채워주는 존재였다. 또한 삶을 버티게 하는 이유이자, 하루를 살아가게 만드는 중심축이었다. 2023년 9월과 11월, 주연 씨는 두 달이 채 되지 않는 짧은 기간에 16년을 함께한 두부와 15년을 함께한 레오를 연달아 떠나보냈다. 첫 번째 이별의 충격이 가시기도 전에 찾아온 두 번째 상실. 슬픔을 애도할 시간도 공간도 허락되지 않았다. 삶을 지탱하던 버팀목이 한꺼번에 사라지자, 주연 씨는 삶 전체가 무너져 내리는 경험을 했다.

삶의 버팀목이 된 존재들

두부는 주연 씨의 어머니가 우울증을 앓던 여동생을 염려해 예고도 없이 갑자기 데려온 강아지였다. 준비되지 않은 입양이었기에 첫 1년은 시행착오의 연속이었다. 그러나 그 서툰 돌봄의 시간 속에서 애착은 점점 단단해졌다. 10대 초반부터 부모와 떨어져 외갓집에서 자랐던 주연 씨는 '엄마에게 따뜻한 애정 표현을 받아본 적이 없다'고 회상한다. 다른 인간관계에서도 진심을 이용당하는 등 많은 상처를 받았던 주연 씨에게, 반려견은 조건 없이 자신을 사랑해 주는 유일한 존재였다.

"애네는 늘 나와 함께 있는 것을 좋아했으니까요. 나를 무
조건 사랑해 줬으니까요."

자신을 부르는 호칭이 '누나'에서 '엄마'로 바뀌는 동안, 그녀는 자신이 어머니에게 받지 못한 사랑을 반려견에게 아낌없이 쏟아부었다. 그녀는 반려견을 두고 '자신의 목숨을 떼어주라면 떼어줄 수도 있는 존재'라고 말했다. 우울증이 심해져 극단적인 생각이 들 때조차 '내가 죽으면 애네들은 누가 보살필까'라는 책임감이 그녀를 삶의 궤도에 붙들어 매는 강력한 버팀목이 되었다.

연달아 무너진 세계 : 5개월의 투병, 어이없는 사고사

평화로운 일상은 2023년 5월, 두부의 암 진단과 함께 무너졌다. 암이 퍼져 한 달도 버티기 힘들 거라는 선고를 받았지만, 주연 씨는 '갈 땐 가더라도 덜 아팠으면 좋겠다'라는 간절함으로 5개월간 하루도 빠짐없이 퇴근 후 두부를 데리고 병원을 오가는 헌신적인 돌봄을 이어갔다. 결국 두부는 9월의 어느 날 출근 직전 그녀의 품에서 눈을 감았다.

> "죽은 아이를 안고 미친년처럼 막 울었어요. 세상이 다 무너지는 거 같았어요."

세상이 다 무너지는 것 같은 슬픔 속에서도 그녀는 남겨진 레오를 보며 마음을 다잡았다. 두부가 떠난 후, 레오가 갑자기 음식을 거부했다. 조금씩 회복하는 듯했으나 불과 47일 뒤, 퇴근해 돌아온 집에서 마주한 레오의 몸은 이미 차갑게 식어 있었다. 이불 사이로 파고 들어갔다가 레오의 인식표가 이불 단추에 걸린 것이 화근이 되었다.

> "빠져나오려고 바둥거리다가 이불이 목에 감겨 질식사한 거예요." 너무 어이가 없고 믿기지 않았다. "레오라도 잘

살려보고자 마음먹은 지 불과 며칠 안 됐는데…"

이 비극적이고 연쇄적인 죽음은 그녀가 감당할 수 있는 정서적 한계를 넘어서는 것이었다.

애도할 힘마저 소진된 시간

레오마저 떠났을 때 그녀는 눈물조차 나지 않는 상태에 빠졌다. 단 47일 만에 일어난 두 번째 이별은 주연 씨를 '애도 과부화(bereavement overload)' 상태로 몰아넣었다. 이는 하나의 슬픔이 채 소화되기 전에 다른 상실이 덮쳐오면 감정을 처리하는 마음의 힘 자체가 마비되는 정서적 파산 상태를 의미한다. 슬픔은 분화될 기회를 잃고 거대한 무력감으로 변한다.

"살아요, 살긴 살아요. 그냥 눈 떠 있으니까 살고 일하고 하는데, 모든 게 의미가 없어질 줄은 몰랐죠."

반려견이 만들어내던 생활 소음이 사라진 집은 더 이상 안식처가 아니었다. 반려견이 물 마시는 소리, 발소리, 곤히 자는 코골이 소리가 멈춘 자리에 들어앉은 적막은 주연 씨에게 공포로 다가왔다.

> "애들이 있어서 제가 혼자라는 걸 못 느끼고 살았다는 것을
> 이제야 알았어요. 집이 이렇게 무서울 수 있다는 게 믿기지
> 않았죠."

주연 씨는 빈집에 들어가는 것조차 두려워 몇 주 동안 동생
네 집으로 피신해 있기도 했다.

그녀에게 반려견 두부와 레오는 삶의 리듬을 만들어주는
존재였다. 매일 정해진 시간에 산책하기, 약 먹이기, 목욕시
키기 등 돌봄을 중심으로 하루의 구조가 유지되었다. 그러한
존재가 사라진 후, 그녀는 삶의 방향을 잃었고, 일상은 그저
죽지 못해 견뎌야 하는 물리적 시간의 연속일 뿐이었다. 주연
씨에게 반려견의 부재는 '공간의 안전성과 일상적 시간 감각'
이 통째로 붕괴되는 경험이었다.

> "일상을 어떻게 보내야 힐지 모르겠어요. 아이들이 없으
> 니, 삶에 의미가 없어요. 애들 때문에 일도 하고 일상생활
> 도 유지했는데, 이제는 더 이상 지킬 게 없으니까요."

주연 씨는 정신을 다른 데로 돌려보려 한동안 게임에 매달

렸고, 밥 대신 시리얼로 몇 달을 버렸다. 몸은 일상의 동작을 반복했지만, 그 안에 삶의 의미는 없었다.

자녀를 잃은 슬픔과 사회적 가면

주연 씨는 반려견을 잃은 고통을 '자녀를 잃은 엄마의 마음'이라고 했지만, 사회적 시선은 냉담했다. 주변에서는 "아직도 그러냐?", "이제 결혼하면 되지"라는 말들이 무심하게 오갔다.

> "나는 아기들과 함께여서 정말 행복하고 좋았는데, 사람들이 제 아기들을 마치 짐짝이나 혹 덩어리처럼 말하는 게 너무 싫었어요."

결국 그녀는 사회적 장면에서 감정을 숨기는 쪽을 택했다. 직장에서는 아무렇지 않은 얼굴로 일하고, 퇴근길 버스 안에서야 참아왔던 눈물을 쏟아냈다.

> "직장에서는 일을 해야 하니까요. 그러다 퇴근할 때 긴장이 풀리면서 버스 안에서부터 통곡하며 집으로 갔어요."

위로받은 자의 위로와 다시 생겨난 리듬

고립된 그녀에게 온기를 준 것은 온라인 공동체인 '무지개 방'이었다. 그녀는 비로소 '나만 이상한 게 아니구나'라는 안도감을 느꼈다. 또한, 누군가를 위로하는 과정에서 오히려 자신이 더 위로받는 경험을 했다.

> "그 사람의 심정을 다 아니까. 내가 겪어 봤으니까. 내가 해보고 도움이 된 것을 공유하고 챙겨주면서 내가 오히려 위로받았어요."

얼마간의 시간이 흐른 후, 그녀에게 다시 보살펴야 할 존재들이 찾아왔다. 새로운 강아지를 임시 보호하기 시작한 것이다. 주변 사람들은 이제 강아지 없이 편안하게 살아보라고 말렸지만, 주연 씨의 생각은 달랐다. 자신은 오히려 강아지와 함께했기 때문에 우울증을 극복하고, 일상생활을 유지하고, 일을 지속할 수 있었다고 말한다. 임시 보호 중인 강아지가 떠난 아이들을 대신할 수는 없지만, 하루를 살아갈 이유를 다시 만들어주었고, 삶의 리듬을 회복하게 해주었다. 새로운 강아지를 임시 보호한 이후, 주연 씨는 비로소 빈집에 대한 공포에서 벗어나 삶의 궤도를 되찾을 수 있었다.

이는 상실의 극복이라기보다, 무너진 삶 속에서 다시 버틸
수 있는 최소한의 틀을 마련한 선택에 가까웠다.

제8장
상실 이후의 삶, 의미를 다시 짓다

이 장에서는 반려묘의 갑작스러운 죽음 이후 극심한 슬픔과 자책감 속에 무너졌던 정주 씨(34세)가, 사회적 무관심 속에서 홀로 애도하면서도 그 상실을 삶의 의미로 다시 엮어가는 과정을 담고 있다. 정주 씨의 이야기는 애도가 단지 고통을 견디는 시간이 아니라, 삶의 태도와 방향을 새롭게 구성하는 과정이 될 수 있음을 보여준다. 사랑하는 존재의 죽음은 그녀의 삶을 멈춰 세웠지만, 동시에 타인의 이별을 돕는 길로 이끌었다.

우연이 아닌 운명

정주 씨의 반려묘 입양 이야기는 의도와 우연이 교차하는 지점에서 시작된다. 20대 초반, 부모의 이혼과 어머니와의 갈등 때문에 일찍 독립한 그녀는 외로움을 달래기 위해 첫째와 둘째 고양이를 입양했다. 당시 그녀에게 반려동물은 '가벼운 마음'으로 데려온 존재였다. 부모로부터 받지 못한 사랑에 대한 갈망이 반려동물 입양의 동기였지만, 현실은 녹록지 않았다. 배우 생활과 여러 아르바이트를 병행해야 했던 빠듯한 현실 속에서 아픈 고양이를 돌보는 일은 절대 가볍지 않았다. 병원비 걱정에 밤새 울며 고양이를 간병했던 기억을 정주 씨는 "울면서 키웠다"라고 회상했다.

그런 그녀의 삶에 원두의 등장은 계획에 없던 사건이었다. 임시 보호로 맡게 된 새끼 고양이였지만, 다른 형제들이 입양된 뒤에도 '예쁘지 않다'라는 이유로 남겨진 존재였다. 경제적·정서적으로 여유가 없는 상황이었음에도, 생명이 위태롭다는 말을 외면할 수 없었다.

> "원두는 원래 키울 상황이 안됐는데, 생명이 위험하다는 말에 차마 외면할 수 없어 임시 보호로 데려온 아이였어요."

원두를 가족으로 받아들이면서 정주 씨의 삶은 한층 더 복잡해졌다. 잠시 원가정으로 돌아갔던 시기, 반려묘 문제로 남동생과 심각한 갈등을 빚었고, 이는 가정폭력으로까지 이어졌다. "왜 자신의 허락도 없이 고양이를 키우느냐"는 폭력 앞에서, 정주 씨는 반려묘를 지키기 위해서 다시 독립을 선택했다.

그러나 코로나로 모든 게 불안정해졌던 시기, 원두는 정주 씨에게 더욱 특별한 의미를 지니게 되었다. 일거리가 줄어들면서 반려묘들과 보내는 시간이 늘었고, 커가는 미래에 대한 불안을 원두에게 위로받았다. 스스로 '돈지랄'이라고 표현한 소비들 역시, 첫째와 둘째를 키울 때 경제적 어려움 때문에 못해준 것에 대한 보상 심리이기도 했다. 예전에는 해주지 못했던 것들을 원두에게만은 전부 해주고 싶었다.

"되게 불안정한 환경에서, 키울 깜냥도 안되면서 키우겠다고 한 게 내 욕심이었나 싶기도 했어요. 원두에게 미안한 마음이 컸고, 그래서 그만큼 사랑을 많이 쏟았어요."

원두는 정주 씨에게 단순한 반려동물이 아니었다. 원가족에게 사랑받지 못한 외로움, 끊이지 않던 경제적 불안, 우울증을 모두 견디게 해준 버팀목이었다. 정주 씨는 원두와의 관계를 '한부모 가정의 엄마'에 비유했다. 홀로 아이를 키우는 엄마처럼, 모든 책임을 혼자 짊어지고, 모든 사랑을 쏟아부었던 관계였다.

준비 없는 이별, 멈춰버린 일상

정주 씨는 노령묘였던 첫째와 둘째의 죽음을 대비해, 7년 전부터 매년 마음속으로 시뮬레이션을 해왔다. 1인 가구라서 도움받을 곳이 없었기에, 화장터 정보부터 사후 처리 절차까지 파일로 정리해 두었다. 죽음에 대한 준비는 철저히 했지만, 그 준비 안에는 '어린 원두의 몫'은 없었다.

2024년 어느 날, 5살의 원두는 아무런 전조 증상 없이 뒷다리가 마비되었다. 병원에 도착했을 때 수의사는 생사를 장담할 수 없다고 했다. 심장 비대증으로 인한 혈전이 하반신을 막은 상태였다. 정주 씨는 그 순간에도 원두가 살아날 거라고 믿었다. 최근 어머니와 남동생이 생사의 고비를 넘겼던 경험이 있었기에, '생명은 쉽게 꺼지지 않는다'라는 믿음이 동물에게도 적용되길 바랐다. 하지만 원두는 입원 당일, 정주 씨가 병원에 도착한 지 불과 한 시간 반 만에 세상을 떠났다.

정주 씨는 당시의 고통을 "천지가 뒤바뀌고, 마취도 없이 팔다리가 생으로 잘려 나가는 것 같았다"라고 표현했다. 장례식장에서 그녀의 절절한 슬픔을 목격한 어머니가 "네 새끼니까 그렇지"라고 인정했을 만큼, 상실의 고통은 깊고도 강렬했다.

상실 직후 정주 씨의 상태는 처참했다. 일주일간 거의 먹지를 못했고, 먹은 것도 다시 게워 냈다. 며칠 간은 물조차도 삼키기 어려웠다. 정주 씨는 침대 머리맡에 비닐봉지를 두고 수시로 토했다.

> "뭘 먹고 넘기지 못하니까 이러다 정말 죽을 수도 있겠구나 싶었어요."

극도의 무력감 속에서 세면이나 가사 등 일상적인 기능조차 유지하기 어려운 상태가 되었고, 하고 있던 모든 일도 중단해야 했다. 한 달 넘게 이어진 심장이 쪼이는 통증에 병원을 찾았지만, 신체적 이상이 없다는 진단과 함께 정신의학과로 의뢰되었다.

> "정신과에 가서 얘길 하니까, 이런 신체적 통증은 자녀를 떠나보낸 부모에게 나타나는 증상이라고 하더라고요. 원두는 제겐 어린 자식과 같았기에 그 말이 마음에 와닿았어요."

홀로 감당한 슬픔

정주 씨의 애도는 사회적인 무관심과 냉대 속에 외롭게 이루어졌다. 인스타그램에 원두의 죽음을 알렸지만, 평소 가까이 지내던 친구들조차 아무런 반응이 없었다. 남동생이 위독했을 때는 안부를 묻고 걱정의 메시지를 보냈던 이들이, 반려동물의 죽음 앞에서는 침묵으로 일관했다.

> "정서적 거리로 따지자면 저는 남동생보다 반려동물과 훨씬 더 가까워요. 사실 남동생이 죽는다 해도 저는 하나도 슬프지 않을 거 같거든요. 그런데 왜 사람들은 남동생이 아프다는 말에는 즉각 반응하면서, 제가 자식처럼 키운 동물이 죽었을 때는 말 한마디 건네지 않는 걸까요?"

직장에서도 슬픔을 감춰야 했다. 반려동물 죽음은 휴가 사유가 될 수 없었고, 정주 씨는 자신의 질병을 이유로 휴가를 신청해 장례를 치렀다. 슬픔을 설명할 언어도, 허락받을 자리도 없었다.

신앙 공동체 역시 위로의 공간이 되지 못했다. "동물은 가족이 될 수 없다"라는 목사의 말은 그녀의 고통을 더욱 고립시켰고, 이후 정주 씨는 교회에서 원두 얘기를 꺼내지 않게 되었다.

누구도 자신의 고통을 이해하지 못할 것이라는 고립감, 고립되고 경제적으로 어려운 상황에서 동물을 키우고 떠나보낸 자신의 처지를 세상은 결코 알지 못할 것이라는 생각. 이것이 바로 '인정받지 못한 애도'가 낳은 이중의 고통이었다.

기록으로 애도하기

하지만 정주 씨는 이 고통의 수렁 속에서 자신을 돌보는 법을 찾아 나갔다. 밥 한술 뜨지 못할 때도 침대 곁에 다이어리를 두고, 생각나는 대로 글을 휘갈겨 쓰면서 슬픔을 토해냈다. 시간이 흐르고 에너지가 조금씩 회복되자, 자신의 펫로스 경험을 블로그에 기록하기 시작했다. 정주 씨는 '노래나 책은 타자가 자신의 마음을 읽어주는 것과 같다면, 글쓰기는 자신의 슬픔을 직접 마주하는 용기를 내는 것'이라고 표현했다. 그녀에게 글쓰기는 상실로 인한 감정을 매일 조금씩 소화해 가는 과정이었다. 또한 정주 씨는 자신의 글이 '홀로 자신과 같은 상실을 겪고 있는 누군가에게 도움이 될 수도 있겠지'라는 바람으로 기록을 남겼다.

"원두를 떠나보내고 경험했던 것들, 무엇이 슬픔을 견디어 내는 데 도움이 되었는지, 원두가 떠난 후 내 삶이 어떻게 바뀌었는지. 저와 비슷한 상실을 겪고 있는 누군가에게는 도움이 될 수도 있지 않을까 하는 마음으로 썼어요."

이 기록은 개인적 애도를 넘어 타인과의 연결로 확장되었다. 댓글로 도움을 청하는 이들과 소통하며, 그녀는 자신의 경험이 누군가에게는 위로와 길잡이가 될 수 있음을 알게 되었다. 이해받지 못했던 슬픔이 사회적 언어를 얻는 순간이었다.

자녀를 잃은 부모의 영상을 보며, 정주 씨는 그들의 감정속에서 자신의 마음을 발견했다. '이 감정이 바로 내가 겪고 있는 것이구나'라는 자각은, 반려동물 상실이 결코 사소한 슬픔이 아님을 스스로에게도 확인시켜 주었다.

원두의 죽음은 끝이 아니라, 또 다른 준비의 시작이었다. 아직 남아 있는 첫째와 둘째 고양이의 죽음을 생각하며 정주 씨는 다짐했다. "그때를 위해 내가 좀 더 강해져야 한다." 이 다짐은 자기돌봄으로 이어졌다. 자신의 건강을 챙기고 일상을 유지하려는 노력은, 자신을 위한 선택이면서 동시에 남은 고양이들을 끝까지 책임지기 위한 준비였다.

상실 이후, 삶의 방향이 바뀌다

원두의 죽음은 삶과 죽음에 대한 인식을 근본적으로 바꾸어 놓았다. 삶은 유한하며, 그 끝은 언제든 예고 없이 찾아올 수 있다는 사실을, 머리가 아니라 몸으로 알게 되었다.

"원두를 보내고 나니까, 내 마지막도 이 아이의 마지막과 크게 다르지 않겠다는 생각이 들었어요."

이 깨달음은 삶의 태도를 재구성했다.

"끊임없이 내 삶의 가치를 찾아 헤맸던 거 같아요. 전에는 하루하루가 죽지 못해 사는 삶이었는데, 이젠 '애쓰며 노력하는 삶이 가치가 있다'라고 생각하려고 해요. 나의 마지막 순간이 왔을 때, '더 잘살아 볼 걸'하는 후회를 남기지 않았으면 해서요."

이러한 깨달음은 장례지도사라는 새로운 진로 선택으로 이어졌다. 이 선택은 단순한 직업 변경이 아니었다. 자신의 상실 경험을 타인의 이별을 돕는 자원으로 전환하려는 시도였다.

"부모님도 바람처럼 훌쩍 가실 수 있겠구나 싶었어요. 장
례지도사를 하면 최소한 부모님의 마지막은 허둥대지 않
고 준비된 상태로 보내드릴 수 있지 않을까 싶었어요."

정주 씨에게 원두의 죽음은 삶을 멈추게 한 사건이었지만,
동시에 삶을 다시 정의하게 한 계기이기도 했다. 사랑하는 존
재의 상태는 변했지만, 사랑하는 마음은 변하지 않는다는 깨
달음. 그 깨달음이 삶의 태도와 직업적 정체성으로 이어졌다.

"내가 이런 경험을 했기 때문에 장례지도사라는 일을 남들
보다 조금은 다른 마음으로 할 수 있지 않을까 생각해요.
좋은 이별을 경험하도록 돕는 사람이요."

상실은 끝이 아니었다. 정주 씨에게 그것은 삶의 방향을 다
시 묻게 하는 계기가 되었다. 떠난 존재는 돌아오지 않았지만,
그 죽음은 정주 씨의 삶 속에서 '타인을 향한 위로'라는 형태로
살아 숨 쉬고 있었다.

제9장
상실을 품고 살아가기

앞선 8개의 장에서 우리는 반려동물과 사별한 1인 가구 여성들의 구체적인 삶의 장면을 마주했다. 민아 씨의 모모, 지원 씨의 루이, 가영 씨의 까망이와 곰돌이, 혜경 씨의 코코, 수현 씨의 사랑이, 현서 씨의 알도, 주연 씨의 두부와 레오, 정주 씨의 원두. 이름도, 관계의 역사도, 이별의 방식도 저마다 달랐다. 하지만 그 이면에는 1인 가구라는 특수한 삶의 조건 속에서 형성된 공통된 경험의 결이 있었다. 이 장에서는 여덟 개의 이야기를 관통하는 펫로스 경험의 핵심 맥락을 정리하고, 1인 가구 여성의 펫로스 경험이 우리 사회에 던지는 질문을 살펴보고자 한다.

1. 반려동물과의 관계 : 존재론적 안전기지

"삶의 모든 것을 함께 해낸 동반자였죠. 저에겐 그 아이가
바로 저의 집이었어요."

1인 가구 여성들(이하 '참여자')에게 반려동물은 단순한 반
려 대상이 아니라, 삶의 중심을 지탱하는 존재론적 안전기지
(secure base)였다. Bowlby(1988)가 말한 '안전기지'란 개념
은 이 관계를 이해하는 데 중요한 틀을 제공한다. 안전기지란
아이가 세상을 탐험하다가 두려움이나 불안을 느낄 때 돌아
갈 수 있는 심리적 거점을 의미한다. 참여자들에게 반려동물
은 일상의 리듬을 만들고, 집이라는 공간에 생명력과 온기를
부여하며, 혼자 있는 시간을 견디게 해주는 존재였다. 연고 없
는 도시 생활, 불안정한 노동 환경, 관계적 고립 속에서도 반
려동물은 변함없이 그들의 곁을 지키는 심리적 수호자였다.

참여자들은 반려동물과의 관계를 '집', '동반자', '심리적 수
호자', '삶의 버팀목'이라는 말들로 표현했다. 여기서 '집'은 물
리적 장소를 넘어서 반려동물과 함께 숨 쉬는 관계적 공간을
의미한다. 유학, 취업, 잦은 이사 등으로 물리적 공간에 뿌리
내리기 어려운 현대인들에게, 반려동물은 함께 움직이는 안
정감의 원천이 된다.

그렇기에 이들에게 반려동물의 죽음은 단순한 이별이 아니라, 삶을 지탱하던 중심축이 무너지는 경험으로 이어졌다.

2. 상실 후의 경험 : 단장지애와 일상의 공허

> "천지가 뒤바뀌고, 마취도 없이 팔다리가 생으로 잘려 나가는 것 같았어요."

상실 초기의 경험은 감정적 슬픔을 넘어선 전인적 붕괴로 나타났다. 참여자들이 묘사한 상실의 고통은 흔히 자녀를 잃은 부모의 극심한 고통을 뜻하는 '단장지애(斷腸之哀)'에 비견될 만큼 극심했다. 이 고통은 신체 증상, 불면, 식욕 상실, 원인 불명의 심장 통증 등으로 나타났으며, 이는 슬픔이 단순한 정서 반응이 아니라 삶의 기반이 무너질 때 나타나는 생존 수준의 반응임을 보여준다.

또한, 상실은 익숙하던 공간의 실감마저 송두리째 바꾸어 놓았다. 반려동물이 내던 생활 소음이 사라진 집은 순식간에 생명력을 잃은 적막한 공간으로 변했고, 이를 한 참여자는 "관 속에 있는" 느낌으로 표현했다. 참여자들은 이 침묵을 단순한 조용함이 아니라, 존재의 부재가 만들어낸 공허로 경험했다.

이와 동시에 삶을 지탱하던 일상의 구조도 급격히 무너졌다. 아침에 눈을 떠 밥을 챙겨주고, 정해진 시간에 산책하고, 함께 잠들던 하루의 리듬이 사라지자, 그 시간에 무엇을 해야 할지 알 수 없는 상태에 놓였다.

이처럼 반려동물의 상실 이후의 고통은 슬픔이라는 감정 하나로 환원되지 않는다. 앞선 절에서 살펴보았듯이 반려동물이 하루의 틀을 만드는 기준점이었기에, 그 존재의 사라짐은 살아가던 세계가 더 이상 작동하지 않는다는 경험으로 이어진다. 그렇기에 상실은 '시간이 지나면 나아지는 감정'의 문제가 아니라, 삶을 다시 조직해야 하는 과제로 남게 된다.

3. 상실의 다층적 얼굴 : 이별의 형태와 애도의 양상

애도의 모습은 이별의 형태에 따라 다층적으로 나타난다. 참여자들은 각기 다른 이별의 경로 속에서 각자 다른 무게의 슬픔을 짊어졌다.

예기된 이별은 양날의 검과 같았다. 질병이나 노화로 인해 죽음이 예견될 때, 보호자들은 비교적 긴 애도의 시간을 미리 살아낸다. 이를 **예기 애도(anticipatory grief)**라고 한다. 참여자들은 '곧 떠날 것임'을 알고 있는 상태에서 하루하루를 버텨야 했다.

예기 애도는 한편으로는 이별을 준비할 시간을 허락한다. 마지막 순간까지 함께하며 돌봄을 다하고, 떠남을 받아들일 여지를 남긴다. 그러나 동시에, 아직 곁에 있는 존재를 매일 잃어가는 듯한 감각, '지금, 이 순간 충분히 잘하고 있는가?'라는 끊임없는 자기 점검은 만성적인 불안과 심리적 피로를 남긴다. 특히 지지 체계가 부족한 1인 가구의 경우, 이 시간은 오히려 상실 이후보다 더 고립된 고통의 시기가 될 수 있다.

떠남이 가까워질수록 사랑은 더 밀도가 깊어지고, 그만큼 상실의 고통도 응축된다. 예기된 애도는 준비된 이별처럼 보이지만, 실제로는 상실을 미리 나누어 견뎌야 하는 과정이기도 하다.

반면 **예상치 못한 이별**은 끝없는 물음표를 남겼다. 사고나 급성 질환처럼 예고 없이 찾아온 죽음은 심리적 준비의 시간을 박탈하고, 극심한 충격과 무력감을 한꺼번에 안긴다. 참여자들은 이를 '아무런 준비 없이 세계가 무너진 순간'으로 기억했다.

이러한 이별에서 두드러지는 것은 격렬한 감정의 동시 폭발이다. 슬픔과 함께 불안, 분노, 죄책감이 한꺼번에 밀려오며, 몸과 마음이 이를 감당하지 못한 채 마비되거나 과도하게 예민해졌다.

특히 '그때 병원에 조금만 더 빨리 갔더라면…', '내 선택이 과연 옳았을까?', '마지막을 지켜주었더라면…'이라는 질문들은 반복적으로 되돌아오며 애도를 멈춰 세웠다.

준비되지 않은 이별은 슬픔에 머무를 틈조차 주지 않고, 사고 이후의 장면과 선택을 끝없이 되짚게 만든다. 이 경우 기억은 위로가 아니라 고통의 통로가 되고, 애도는 종종 해결되지 않은 사건의 파편들을 끌어안은 채 정체된다.

연쇄적 상실은 슬픔을 처리하는 마음의 힘을 마비시킨다. 주연 씨(7장)의 사례처럼, 짧은 시간 안에 두 번 이상의 상실을 경험한 이들에게, 애도는 하나의 경험이 아니라 겹겹이 쌓이는 과정이다. 애도를 끝내기도 전에 또 다른 상실이 덮쳐오면, 슬픔은 분화될 기회를 잃고, 해결되지 않은 감정들이 축적된다.

참여자들은 이를 "언제쯤이면 끝이 날지 알 수 없는 상태", "숨 돌릴 틈 없이 계속 무너지는 느낌"으로 표현했다. 이러한 상태는 흔히 **애도 과부화(bereavement overload)**로 설명된다. 감당할 수 있는 애도의 용량을 넘어서는 상실이 누적되면, 정서적 회복이 지연되고 일상 기능 전반이 흔들리게 된다. 슬픔은 깊어지기보다 무거워지고, 삶 전체를 짓누르는 부담으로 남는다.

현서 씨(6장)가 목격한 사고사처럼, 외상적 상실은 슬픔 위에 심리적 트라우마 반응을 덧씌운다. 사고 장면이 불쑥불쑥 떠오르고, 불면에 시달리며, 사고 장소를 피하게 되거나, 비슷한 장면을 보는 것만으로도 당시의 감각이 되살아난다. 이는 단순한 그리움이 아니라, 몸이 먼저 반응하는 기억이다.

외상적 애도(traumatic grief)에서는 슬픔, 공포, 죄책감이 분리되지 않은 채 서로 얽혀 있다. 추억은 위로의 자원이 되기보다 회피해야 할 대상이 된다. 떠나간 존재를 떠올리는 것이 곧 그 순간의 공포를 다시 경험하는 것이기 때문이다. 시간이 지나면 서서히 회복되는 일반적인 애도와는 달리, 외상적 상실은 전문적인 도움이 필요할 수 있다.

이처럼 펫로스는 이별의 맥락에 따라 전혀 다른 얼굴을 드러내는 다층적 경험이었다. 이별이 어떻게 찾아왔는가에 따라 애도의 양상과 무게는 달라지며, 각각의 상실은 그에 맞는 이해와 돌봄을 필요로 했다.

4. 홀로 감당하는 무게 : 애도를 복잡하게 만드는 요인들

> "제가 1인 가구로 사는 거에 대해서 이렇게 원망스러웠던
> 적이 없었던 거 같아요."

참여자들의 상실의 고통은 구조적 조건 속에서 증폭되었
다. 1인 가구 여성들은 돌봄, 결정, 이별, 애도의 전 과정을 혼
자 감당해야 했다. 이러한 구조적 고립은 애도를 더욱 복잡하
고 무겁게 만들었다.

인정받지 못한 슬픔.

> "시체를 옆에 두고 어떻게 자? 으스스하다."

참여자들은 가까운 친구, 직장, 심지어 신앙 공동체에서조
차 자신의 상실을 부정당하는 경험을 했다. 반려동물의 죽음
이 정당한 휴가 사유가 되지 않아 자신의 질병을 핑계로 장례
를 치러야 했던 현실은, 이들의 슬픔을 '사회적으로 박탈된 애
도(disenfranchised grief)'로 만들었다. 애도할 권리가 인정되
지 않을 때, 슬픔은 외부로 표현되지 못한 채 "나만 유난스러
운가?"라는 자기비난의 형태로 내면화되었다.

결정 과정에서의 고독

> "그때 내가 해야 했을, 또는 하지 말아야 했을 목록이 끊임
> 없이 업데이트돼요. 내가 내린 결정들이 과연 최선이었을
> 까? 나의 결정이 아이를 더 힘들게 한 건 아닌가?"

함께 고민하고 책임을 나눌 사람이 없는 상황에서, 안락사
와 같은 중대한 결정을 단독으로 내려야 하는 부담은 1인 가
구 특유의 어려움이다. '이 세상에 이 아이를 지킬 존재는 나
밖에 없다'라는 책임감의 무게는 이별 후 깊은 회의감으로 이
어졌다. 중요한 점은, 이 죄책감이 단순히 성격적 취약성 때문
이 아니라는 것이다. 참여자들이 내린 선택은 대부분 시간, 경
제적 여건, 지원 체계가 극도로 제한된 조건 속에서 내려진 최
선이었다. 그럼에도 결과에 대한 모든 책임은 오롯이 개인에
게 수렴되며, 반려인은 자신을 가해자의 위치에 놓은 채 "내가
그때 다른 선택을 했더라면…"이라는 자책의 굴레에 빠져들
었다. 과도한 죄책감은 애도 과정을 지연시키고, 고립된 슬픔
을 심화시키는 주요한 요인이 된다.

열악한 돌봄 조건과 죄책감

> "경제적 준비가 안 돼서 더 살 수 있는 코코를 안락사로 보
> 냈다는 죄책감이 커요."

생계를 위해 아이를 홀로 두어야 했던 미안함, 경제적 한계
로 충분한 치료를 해주지 못했다는 자책은 1인 가구 여성들에
게 더욱 선명하게 드러났다. 특히 경제적 이유로 선택을 미리
결정해 버린 경우, 죄책감은 더욱 무겁게 남았다. 이들에게 죄
책감은 슬픔을 소화하는 감정이 아니라, 오히려 애도를 가로
막는 장벽으로 작동했다.

이처럼 1인 가구 여성의 펫로스에서 나타나는 죄책감은 개
인의 내적 요인보다, 돌봄을 혼자 감당해야 하는 구조와 애도
를 인정하지 않는 사회적 맥락 속에서 형성되고 강화된 것이
다. 홀로 돌보고, 홀로 결정하고, 홀로 애도해야 했던 이들에
게, 죄책감은 피할 수 없는 동반자였다.

5. 치유와 회복의 길 : 의미의 재구성

> "저와 비슷한 상실을 겪고 있는 누군가에게 도움이 될 수도

있지 않을까 하는 마음으로 기록을 남기기 시작했어요."

참여자들은 각자의 방식으로 다시 숨을 고르기 시작했다. 이들에게 회복은 슬픔 이전의 상태로 돌아가는 것이 아니었다. 떠난 존재를 지우는 대신, 그 상실을 삶의 일부로 받아들이며 다른 방식으로 살아가는 길을 모색하는 과정에 가까웠다.

그리고 그 실마리는 대개 고립된 슬픔을 밖으로 꺼내어 타인과 연결될 때 찾아왔다. 거창한 위로가 아니라, 슬픔을 이상하게 여기지 않는 시선 하나만으로도 참여자들은 '혼자가 아니다'라는 감각을 회복해 나갔다.

시간이 흐르면서 참여자들은 떠난 존재와의 관계를 끊기보다는, 이를 다른 방식으로 이어 가는 과정을 경험하였다. 사진과 물건으로 작은 추모 공간을 마련하며, 각자의 방식으로 기억을 일상에 남겼다. Klass et al.(1996)이 말한 '지속적 유대(continuing bonds)'처럼, 애도는 관계를 끝내는 것이 아니라 새로운 형태로 관계를 이어가는 일이 되었다.

고립된 1인 가구 여성들에게는 온라인 펫로스 애도 공동체가 중요한 전환점이 되기도 했다. 얼굴도, 나이도 모르는 사람들이었지만 비슷한 상실을 겪었다는 사실만으로도 서로의 슬픔은 설명 없이 이해되었다. 서로의 경험을 나누는 과정에서 참여자들은 조금씩 무력감에서 벗어날 수 있었다.

이러한 경험은 일부 참여자들에게 삶의 의미를 다시 묻는 말로 이어졌다.

Neimeyer(2001)는 상실 경험에서 의미를 찾는 과정을 애도의 핵심 요소로 본다. 누군가는 반려동물의 죽음을 통해 삶의 유한성을 깨달았고, 상실의 고통은 '내적으로 단단해지는 과정'으로 새롭게 해석되었다. "이 상실이 내 삶에서 무엇을 바꾸었는가?"라는 물음은 각기 다른 방향의 변화를 만들어냈다. 누군가는 상실의 경험을 기록으로 남기기 시작했고, 누군가는 유기 동물을 돌보거나 타인의 이별을 돕는 일을 선택했다.

떠난 존재는 돌아오지 않는다. 그러나 그 관계에서 나누었던 사랑은 다른 방식으로 삶 속에 남아 있다. 이들에게 애도는 끝나는 일이 아니라, 의미를 바꾸며 지속되는 과정이었다. 그리고 그 여정을 혼자가 아닌 누군가와 함께할 수 있을 때, 상실은 조금 더 견딜 수 있는 것이 되었다.

에필로그

"우리가 모든 걸 함께 해냈지."

민아 씨(1장)의 이 한마디는 이 책에 등장하는 여성들의 마음을 관통하는 고백이다.

여덟 명의 여성은 각기 다른 방식으로 반려동물을 만나고, 사랑하고, 이별했다. 그러나 그들의 이야기 속에는 공통된 울림이 있다. 반려동물은 단순한 '애완'의 대상이 아니라 삶의 동반자였고, 그 상실은 존재의 일부를 잃는 고통이었다.

특히 1인 가구라는 삶의 조건 속에서 이들은 돌봄의 무게를 오롯이 짊어졌고, 상실의 충격을 혼자 감당해야 했다. 사회적으로 인정받지 못한 슬픔의 그늘 속에서도, 이들은 온라인 애도 공동체를 통해 정서적 연대를 구축하였다. 나아가 각자고유한 의례로 사별한 반려동물과의 유대를 지속했으며, 봉사와 나눔이라는 실천을 통해 사랑을 확장하였다. 그 과정에서 사랑이 무엇인지, 책임이 무엇인지, 이별이 관계의 끝이 아님을 배웠다.

이들의 이야기가 같은 길을 걷고 있는 이들에게 '당신의 슬픔은 정당하다'라고, '당신은 결코 혼자가 아니다'라고 말해주는 작은 위로가 되기를 바란다. 아직 이별을 겪지 않은 이들에게는 함께하는 시간의 소중함을 일깨우는 계기가 되기를, 그리고 우리 사회가 반려동물과의 관계, 돌봄, 상실에 대해 좀 더 성숙한 대화를 나눌 수 있게 되기를 기대한다.

끝으로, 이 책이 나올 수 있도록 기꺼이 자신의 경험을 나눠준 여덟 분의 참여자께 깊은 감사를 드린다. 아직 아물지 않은 상처를 꺼내 보여주는 것은 절대 쉽지 않았을 것이다. 그럼에도 참여자들은 자신의 이야기가 같은 아픔을 겪는 누군가에게 위로가 되기를 바라는 마음으로 솔직하게 말해주었다. 이들의 용기 덕분에 우리는 펫로스에 대한 이해를 한층 깊게 할 수 있게 되었다.

반려동물을 떠나보낸 모든 이들에게, 그리고 지금, 이 순간도 홀로 슬픔을 견디고 있을 누군가에게 이 책을 바친다. 참여자들의 이야기가 우리 사회에 작은 울림이 되어, 누군가 홀로 슬퍼하지 않는 세상이 되길 소망한다.

참고문헌

장현정 (2025). *1인 가구 여성의 펫로스 경험에 대한 현상학적 연구*. 한림대학교 박사학위논문.

Bowlby, J. (1988). A secure base: Parent-child attachment and healthy human development. Basic Books.

Doka, K. J. (Ed.). (1989). Disenfranchised grief: Recognizing hidden sorrow. Lexington Books.

Klass, D., Silverman, P. R., & Nickman, S. (Eds.). (1996). Continuing bonds: New understandings of grief. Taylor & Francis.

Neimeyer, R. A. (2001). Meaning reconstruction and the experience of loss. American Psychological Association.

Prigerson, H. G., Shear, M. K., Jacobs, S. C., et al. (1999). Consensus criteria for traumatic grief: A preliminary empirical test. British Journal of Psychiatry, 174, 67-73.

Rando, T. A. (1993). Treatment of Complicated Mourning. Research Press.

_____ (2000). Clinical dimensions of anticipatory mourning: Theory and practice in working with the dying, their loved ones, and their caregivers. Research Press.

지은이 소개

장현정

한림대학교에서 생사학 박사학위를 취득했으며, 현재 세은심리상담 연구소에서 상담심리전문가(한국상담심리학회 1급)로 재직 중이다. 펫로스 애도연구회 대표이자 펫로스상담소 강쥐별냥이별 소장으로, 펫로스 자조모임을 운영하고 있다. 주요 논문으로는 「1인 가구 여성의 펫로스 경험에 대한 현상학적 연구」(2025, 박사학위논문), 「반려동물을 상실한 성인을 위한 애도프로그램 개발」(2024) 등이 있으며, 주요 저서로는 『애도의 심리학』(2025), 『애도의 심리학 –부모상실』(2026) 등이 있다.

유지영

University of Massachusetts Boston에서 노년학 박사학위를 취득했으며, 현재 한림대학교 고령사회연구소 HK교수로 재직 중이다. 주요 논문으로는 「두 번의 반려동물 사별경험과 애도과정에 대한 내러티브 탐구」(2023), 「배우자 사별 경험 여성 노인을 위한 상실 치유 프로그램 효과」(2022) 등이 있으며, 주요 저서로는 『이야기, 우리가 살아가는 힘』(2021), 『자살예방과 생명존중』(2024) 등이 있다.